保育者が自信をもって実践するための

困った保護者への対応ガイドブック

西館有沙・徳田克己 著

谷口純平 絵

福村出版

Ⓡ〈日本複製権センター委託出版物〉
本書を無断で複写複製(コピー)することは、著作権法上の例外を除き、禁じられています。本書をコピーされる場合は、事前に日本複製権センター(JRRC)の許諾を受けてください。
JRRC〈http://www.jrrc.or.jp　e-mail：jrrc_info@jrrc.or.jp　電話：03-3401-2382〉

まえがき

　私たちはこれまでに，多くの幼稚園や保育所の先生方からの相談を受けてきました。保育者からの相談を受けていると，子どものことのみならず，保護者のことにまで話が及ぶことがよくあります。なかには，保護者から苦情の電話が頻繁にかかってきて精神的にまいっている，保護者との関係が悪化してしまい退職を考えているといった相談もあります。一生懸命に子どもや保護者と向き合おうとする保育者ほど，保護者との関係が悪化したときには精神的に追いつめられてしまうのです。子どものことを考え，責任感をもって保育に臨んでいる保育者が，保護者との関係に疲れ果てて仕事を辞めてしまうのは，とても残念なことです。保育者から「つらい」「保育に集中できない」と相談を受けるたびに，私たちは何とかしなくてはいけないと感じていました。そしてその思いを今回，この1冊にまとめました。

　この本には，保育者が保護者と良好な関係を築くために必要なノウハウを具体的に示していますが，それだけではありません。本書は「保育者を守る」ためにつくられています。ですから，保育者の努力だけでは解決がむずかしい事態が生じたときに，園として保育者を守る体制をどのように整えておけばよいか，園長や主任が保育者をいかにサポートすべきかについても述べています。保育者を守る体制をとっている園では，「何かあっても園長や主任が相談にのってくれる，助けてくれる」という安心感から，保育者が心に余裕をもって保護者と向き合うことができています。保育者が自信をもって笑顔で保護者に向き合うと，保護者も自然と保育者や園に信頼を寄せるようになります。この

ように，保育者と保護者が良好な関係で結ばれる園では，子どもたちも伸び伸びとしています。「保育者を守る」ことは，結局は子どもやその保護者を守ることにつながるのです。

　最後の章には，残念ながら保護者との溝が埋まらず，退園する事態を迎えたときに，保育者がどのように心の折り合いをつければよいかについて，現状を見てきた私たちの本音を交えてまとめています。この本を読むことで，保護者との関係に悩む保育者の気持ちが少しでも救われることを，そして保育者が保護者対応に自信をもって臨めるようになることを願っています。また，本書を通じて，園で保育者を守る体制づくりが進むことを望んでいます。

　最後になりましたが，本書をまとめるにあたり，多大なるご尽力をいただいた編集者の石井早苗様，かわいい挿絵を描いてくださったイラストレーターの谷口純平様に，この場を借りて厚くお礼申し上げます。

　2011年10月

西館有沙

CONTENTS
目次

◇ **まえがき** 003

1章 なぜ保護者との間に トラブルが起こるのか

① 保護者対応に悩む保育者 010
② なぜトラブルが起こるのか 012
③ 保育者が保護者をどうとらえるか 015

2章 園所の体制づくり

① 日常の保護者とのやりとりを園長，主任に報告する体制をつくろう 018
② 必要に応じて園長，主任が保護者に対応しよう 020
③ 対応のむずかしい保護者から担任保育者を守る体制をつくろう 021
④ みんなで対応にあたろう 022
⑤ 子どもを預ける前に，保護者に心構えをもってもらおう 023

 **保護者との信頼関係を深めるための保育者の心がけ**

1. 保護者と会話するときは，顔だけでなく身体を向けて 026
2. 保育者のほうから声をかけよう 027
3. あいさつに，一言付け加えよう 028
4. 保護者のグチにはうなずいて～カウンセリングマインド～ 029
5. 個人情報の漏えいに気をつけよう 030
6. 助言や指摘は間接的に伝えよう 031
7. 発達障害や病気のある親への対応法を知ろう 033

 **保護者のタイプと対応の仕方**

1. 自己主張が強い 036
2. 先生や園を信用しない 039
3. 子どもの問題を認めない 042
4. 被害者意識をもちやすい 045
5. いつも不安を感じており，細かいことを気にする 048
6. 悪口や噂話を保育者と共有したがる 050
7. 夫婦仲が悪い 053
8. 子どもへの関心が薄い 055
9. 複数の養育者がいる（親と祖父母） 058
10. 保護者に発達障害や心の病気がある 060

# 5章 保護者対応で困ること FAQ

① 数カ月に1回，同じ保護者から怒りの電話がかかってくる　066
② 子どもが園で負ったけがについて，保護者との溝が埋まらない　068
③ 園や保育者の悪口，噂話を言いふらされた　071
④ 担任を替えてほしいと要求された　073
⑤ 子どもにけがを負わせたのは誰か教えろと問い詰められた　076
⑥ 保護者が子どもに「先生に〜と言われても，そうしなくていいからね」と言い聞かせているため，子どもが担任の言うことを聞かない　080
⑦ 子どものことで助言をしても，自分がいかにたいへんな思いをしているかを語ったり言い訳したりするばかりで，行動を改めようとしない　083
⑧ 母親同士が園庭や駐車場での立ち話に夢中になり，周りで遊ぶわが子を見ていない　086
⑨ 保護者参観のあとなどに，保育者のかかわり方や園内の環境などについて「もっと〜すべきだ」「あそこは〜したほうがよい」などと口を出してくる保護者がいる　088
⑩ 何かあると，すぐに「退園する」「訴える」などと保育者をおどしてくる　091
⑪ 子どものけがについて両親に伝え，了解してもらっていたにもかかわらず，普段子どもの面倒をみている祖父母が苦情を出してくる　094
⑫ 配布したお知らせへの回答の期限を守らなかったり，時間を守らなかったりすることの多い保護者がいる　何度伝えても，守ってくれない　096
⑬ 担任が変わったあとも，前年度の担任を頼り，話をしようとする保護者がいる　099

 **おわりに** どうしようもなくなったときに

❶ わかり合えないことがあると考えるのが大前提　102
❷ 保育者のことを理解してもらおうと思わない　102
❸ 柔軟な頭で保育しよう　103
❹ どうにもならないときの決断　104

1章 なぜ保護者との間にトラブルが起こるのか

ここでは，保育者が保護者への対応に困っている現状や，トラブルが起こる原因について述べていきます。

1 保護者対応に悩む保育者

　近年，モンスターカスタマー（客），モンスターペイシャント（患者），モンスターペアレント（保護者）などの言葉が生まれています。彼らはモラルに欠ける行動をとったり，理不尽な要求をしたり，相手に攻撃を加えたり，自らの権利ばかりを主張したりします。このように常識の範囲で物事のやりとりができないことから，彼らはモンスターと呼ばれたのです。

　徳田克己はその著書『保護者を惑わす専門家の言葉』（中公新書，2009）のなかで，保護者が「先生」の立場を考えずに度を過ぎた苦情や文句を出すことは，「先生」を疲弊させ，教育環境をゆがめることになるので，結果として子どものためにならないと指摘しています。このことは，金子元久が2006年に行った調査において，小学校，中学校ともに，保護者の利己的な要求が教育の障害になっていると感じている校長が7割を超えたことからみても明らかですね。徳田は，保護者には，①「先生」に文句を言うのではなく相談する姿勢をもつ，②子どもの言葉だけを信用しない，③問題を感じたときには校長や園長よりも先に担任に相談する，などの心がけが必要であると述べています。

　モンスターペアレントという言葉はインパクトがあるので，社会において広く認知され，さまざまな場で使われています。ただ，園に要望や意見を出してきた保護者を，保育者がすべて「モンスター」であるととらえてしまったのでは，なんの解決にも結びついていきません。そもそも，保護者は保育者に言いたいことがあっても，なかなか言い出せずにいることが多いのです。そのことからすれば，保護者が

出してくれる要望や意見は貴重です。保育者と保護者がともに意見を出し合い，子どもにとってより良い園をつくっていけることが，理想的な姿であるからです。

　そうは言っても，現実に保育者の多くは，信頼関係を築くにはどうしたらよいのかと，日々悩みながら保護者に向き合っています。小野田正利が幼稚園教諭を対象に行った調査によると，保護者への対応のむずかしさを日頃から感じている（「大いに感じる」「少し感じる」）人は9割にのぼります。対応のむずかしさを大いに感じると答えた幼稚園教諭の割合をみると42％です。彼らのなかには，理不尽な要求をする保護者や，正当な理由なく保育者を攻撃する保護者と向き合っている人もいます。星野ハナらが2000年に幼稚園教諭を対象に行った調査によると，「特定の園児は自分の子どもと遊ばせるなと言う」「クラス分けで特定の園児と同じクラスにするよう要求する」「テレビや本で紹介された教育方法を導入するよう要求する」「時間かまわず保育者の自宅に毎日電話をかける」などの保護者がいることが明らかになっています。そのような保護者への対応に疲れ果て，退職しようかというところまで，追い込まれてしまう保育者が出るのは，とても残念なことです。

　保育者養成校では，子どもの発達や保育，幼児教育，子育て支援などについて学習することはできても，保護者にどのように向き合い，つき合っていけばよいかについて，十分な学習の機会が設けられているわけではありません。それだけに，経験の浅い保育者の多くは，保護者への対応に自信がもてずにいます。保育者1人ひとりの努力だけにこの問題をまかせるのではいけません。保育者が安心して保護者と良い関係を築けるように，園全体で体制を整えていく必要があります。また，保護者への対応の仕方について職員会議などで話し合っておくことも必要です。話し合う材料として，本書で取り上げている事例を活用するとよいでしょう。また，保護者対応をテーマにした市販のDVDを活用するのも1つの方法です。

保護者対応をテーマにしたDVDの映像の例
（『保護者からのクレームを活かそう』全2巻，新宿スタジオ発行）

2 なぜトラブルが起こるのか

① 保護者が要望や意見を出しやすくなった

　保護者にとって幼稚園や保育所は，初めて子どもを預ける場になることが多いでしょう。初めての経験に戸惑う保護者は，子どものちょっとした変化に「園で辛いことがあったのではないか」と心配します。

　最近は，消費者が大切にされることが当たり前となっています。どこでも「お客様は神様」というキャッチフレーズのもとに，できる限り消費者の要望に応えようとします。このような風潮が社会に浸透した結果として，保護者の意識も「子どもを預かってもらう」から「預けた子どもを保育者が守ることは当然である」へと変化してきました。

要望を出す保護者が増えている

昔であれば，保護者は「こんなことを先生に言うのは失礼かな」「こんなことを言うのはわがままかな」と考え，要望を胸のうちにしまって出さないことが多くありました。しかし今は，「子どものために，私が主張しないといけない」「遠慮していたら何も変わっていかない」と考え，保育者に要望を出す保護者が増えています。

② 子どものけがはトラブルの原因になりやすい

子どもがけがをしたときには，保護者の心配や不安が一気に高まります。そのため，保育者に問い合わせや確認をした際に保育者から納得のいく説明が返ってこないと，保育者や園に不信感をもちやすくなります。結果として，子どものけがをめぐってトラブルに発展してしまうことがあります。

③ 保護者が問題を大きくしてしまう

保護者のなかには，抗議をすることやわが子の話だけを信じることが，わが子への愛情の示し方であると思っている人がいます。わが子さえ不利を被（こうむ）らなければよいと，自己中心的に考える人もいます。このような保護者は，子どもに起こった出来事，保育者の対応で納得のいかなかった点を誇張してとらえるので，自分のなかで問題を実際より大きくした状態で保育者に抗議や要求を出してきます。したがって，トラブルが起きやすくなります。

④ 保護者が保育者の言葉に敏感に反応する

保護者のなかには，保育者が保護者や子どものためを思って伝える意見や保護者にわかってもらいたくて行う反論を，子どもや自分への攻撃であると受け止める人がいます。そのため，保育者の言葉に怒り出したり，保育者を避けるようになったりすることがあります。

最近は，近所に知り合いがいない，頼れる親族と離れた場所に暮らしているなどの状況におかれ，自分の理解者が身近にいないと感じている人がいます。また，会社で上司から責められる，配偶者に責められるという経験から，自分には味方がい

ないと感じている人もいます。そのような人たちは，自分の身を守ろうとするあまりに，他者の言葉をすべて自分への攻撃ではないかととらえてしまうのです。

⑤ 園長や保育者の対応に問題がある

トラブルの原因は保護者にだけあるわけではありません。園長が昔のように保護者に説教をする，担任保育者が保護者の要望を受け止めずに反論や言い訳をする，担任が保護者の秘密をうっかりともらしてしまうことなどが原因となり，保護者ともめることがあります。

反論や言い訳は逆効果になることが多い

3 保育者が保護者をどうとらえるか

　保育者から対応に困る保護者の話を聞いていると，経験の豊富な保育者と，経験の浅い保育者とでは，取り上げるケースに違いがあることがわかります。経験の浅い保育者は，自分のイメージする保護者像にあてはまらない人，自分の思い通りに動いてくれない人を「問題のある保護者」と受け止めがちです。「保護者としてやるべきことをやってくれない」「自分の思いを理解してくれない」「自分の思いに応えてくれない」などのことから，「保護者への対応はむずかしい」と感じるのです。

　経験を積むにつれて，いろいろな保護者と出会うことになります。それにより，もっと広い心で保護者と向き合う必要があることがわかってきます。「こんなお母さんもいる」「あんなお父さんもいる」と相手を受け止めて，個々に接し方を変えていくことができるようになるのです。これができるようになると，自分の思い通りに保護者が動いてくれない，自分が思う理想の保護者とは異なるなどの理由で，対応のむずかしさを感じるようなことはなくなります。

　トラブルの原因を保護者に押しつけていると，問題の解決は困難になります。保育者は，自分が保護者をどのように見ているか，対応の仕方が固まっていて柔軟性に欠けるようなことはないかを振り返ってみる必要があります。

2章 園所の体制づくり

保護者に信頼される園になるために，どのような体制を整えておけばよいのでしょうか。ここでは，園所の体制づくりについて，園長や理事長，主任，担任保育者（以下，担任）のそれぞれがどのような意識をもっておくべきかについて述べていきます。具体的には，理事長や園長，主任保育者が，担任と保護者の間で何か問題が起こったときにどのように対応したらよいか，普段から心がけておくべきことは何か，保育者はどのようなことに気をつけておけばよいかなどについてふれます。

1　日常の保護者とのやりとりを園長，主任に報告する体制をつくろう

　たとえば，担任が1人でクラスの保護者とやりとりを続けていたとすると，ある保護者との間に何らかのトラブルが生じたときに，その保育者を守ってくれる人がいないという事態が起こりかねません。保育者が保護者と信頼関係をつくっていくためには，保育者を守る体制が必要です。
　守られているという安心感があると，担任は落ち着いて保護者と向き合うことができます。保護者が保育者と接していて不安や不信感を抱くのは，保育者の頼りない，おどおどした対応であったり，逃げ腰に見える態度であったりします。ですから，保護者を安心させるためにも，保育者が守られているという実感をもてる体制が整っていることが必要なのです。
　日常の保護者とのやりとりは，園長や主任に報告しておくようにします。また，必要であれば，園全体で情報を共有しておくとよいでしょう。たとえば，ある園では，1日の保育が終わったあとに園長，主任，担任が集まって，その日にあったことを，細かいことでも報告し合うようにしています。このような体制ができていると，あるクラスで起こったことを，園長や主任だけでなく，隣のクラスの担任も把握し，みんなで対応にあたることができます。トラブルに発展することを未然に防

ぐこともできます。また，何か問題が起きたときには，園長や主任がそれまでの経過をふまえた上で，責任をもって対応にあたることができるでしょう。

ただし，ここで気をつけなくてはならないのは，守秘義務の問題です。みんなで共有しておいたほうがよいこともあれば，関係する保育者や園長，主任の間だけでとどめておいたほうがよいこともあります。情報をどこまで共有するかについての判断は園長にしてもらったほうがよいので，会議で報告する前に園長とよく相談するようにします。

また，会議の場では，特定の保護者の話が多く出てくることがあります。そうすると，「またあの保護者か」という雰囲気になりかねません。これでは，たとえ保護者が正しい要求をしていても，保育者が単なるクレーマーととらえてしまう可能性があります。これを防ぐために，「○○ちゃんのお母さんが」と人の名前を先に出すのではなく，「〜のような問題がある」と，みんなで考えるべきことを先に出し，提案された問題についてやりとりできる雰囲気をつくっていく必要があります。

2 必要に応じて園長，主任が保護者に対応しよう

　基本的には，何かあったときに，保護者がまずは担任に相談するという形をつくっておく必要があります。園長が「何かあればなんでも私に言ってください」と保護者に話してしまうと，保護者は些細なことでも，担任に話さずに園長に伝えるようになってしまいます。このように，担任を飛び越えて，園長と保護者がやりとりをするようになると，担任の知らないところで話が進み，あとで担任が園長や主任に呼ばれて注意を受けたり叱られたりということになります。これでは，保育者が自分の保育に責任をもとうとか，保護者に責任をもって向き合おうという気持ちがだんだんと薄れてしまいます。

　また，園長が忙しさから，保護者の話を担任に伝えるのが遅れてしまったり，伝え忘れてしまったりすることがあると，要望を出したのに事態が何も変わらないということで，保護者が「担任の先生は何もしてくれない」と不満をもつことになってしまいます。

　このようなことから，まずは担任が保護者と話す体制づくりが必要なのです。

担任が中心となった人間関係づくりを

保護者にも,「いろいろあるとは思いますが,まずは担任の先生に話をしてください。うちの園では,担任が保護者から言われたことを必ず園長等にも報告して対応にあたるという体制が整っていますから,安心してください」と伝えておくようにします。

ただし,どうしても園長に話をしたいということも,当然出てきます。そのような場合には,担任がすぐに園長に伝え,保護者と話す機会を設けるようにします。つまり,園長も主任も保護者に対していつでも話を聞く体制にあるのだけれども,担任を通すというワンクッションは常に入る状態にしておくのです。

3 対応のむずかしい保護者から担任保育者を守る体制をつくろう

いざというときは園長が保育者をガード

　理事長あるいは園長は,預かっている子どもを守ることは当然ですが,同時に働いている保育者も守らなくてはなりません。つまり,両方に目を配った対応が必要なのです。しかし,なかには,保護者のほうばかりを向いていて,保護者が無茶なことを言ってきている場合であっても,理事長や園長が「何とかしなさい」「対応しなさい」と保育者に伝えているケースがあります。このような対応を理事長や園

長がとっていると，保育者はいつも自分ばかりが叱られ，対応のむずかしいケースに頭を悩ませなくてはならないと感じながら仕事をすることになります。これでは，保育者がその園で長く働き続けることは厳しいでしょうし，保育者としての職の満足感を得ることもむずかしいでしょう。

　ある園では，保護者が無茶な要求をしてきたときに，園長が「私が絶対に先生方を守るから」と言って，自分が矢面にたって対応にあたりました。こういう園では，働いている保育者が安心して子どもに向き合い，子どものために，そして園のためにと日々の仕事をこなしています。

　理事長や園長には，その園で働く保育者にも配慮した対応が求められるのです。なお，園長や理事長，主任が「うちの先生は悪くない」ということだけを保護者に伝えて，保護者と敵対してしまうと，保護者との関係修復はさらにむずかしくなってしまいます。まずは，保護者の話をじっくり聞くようにします。

　園長がじっくりと話を聞くだけでも，保護者の気持ちが落ち着いたり，怒りがやわらいだりすることがあります。この次の段階として，園長や主任は保育者が子どもの保育に一生懸命であること，保護者とも真剣に向き合いたいと思っていることなどを，担任に代わって保護者に伝えていきます。

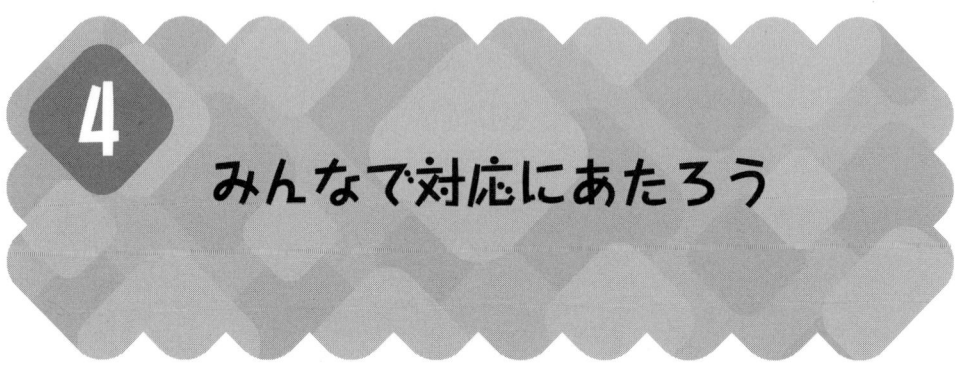

4　みんなで対応にあたろう

　担任は，対応のむずかしいケースを自分1人で抱え込まずに，理事長や園長，主任，あるいは他の保育者に相談しようという意識をもつ必要があります。ある保育者は責任感がとても強く，自分が受け持っているクラスのことだからと1人で悩み，保護者と向き合っていました。その様子を見かねた他の保育者が「相談にのるよ」と話しかけても，「自分の問題だから」と断っていたのです。しかし，状況は

悪化するばかりで，その保育者は「園をやめたい」ともらすようになりました。つまり，仕事へのモチベーションまで下がってしまったのです。

　これでは，子どものために良い保育はできませんし，仕事を続けていくこともむずかしくなります。子どもにとっても，保護者にとっても，そして保育者にとっても良い園とは，保育者1人ががんばっている園ではなく，何かあったときには職員みんなで対応にあたることができる，そういった体制ができている園です。

5　子どもを預ける前に，保護者に心構えをもってもらおう

　園に子どもを預けるときに，保護者には，子どもにとってのけんかや遊びにおける挑戦の意義，小さなけがは自分の身を守るための学びにつながることなどを，心構えとしてもっておく必要があることを，入園前や新学期などにきちんと伝えておく必要があります。このような心構えは，自然に身についていくものではありません。保護者がそのような心構えをもてるように，園が育てていく必要があります。ただし，園側がいきなり保護者に対して，「園は子どもがけんかやけがをするところです」と伝えたのでは，保護者は困惑します。子どもがけがをした場合の責任を回避しようとしているのだろうかという疑いをもつことになるのです。

　保護者には，子どもが園で育つということはどういうことなのかを徐々に伝えていくようにします。このような試みを園が行うことによって，ひどいけがをした場合はともかく，子どもが軽いけがをして帰ってきたときにも，友だちとけんかをして帰ってきたときにも，保護者は「これはわが子が社会性を身につけるうえで必要なことだから」と考えることができます。

　ところが，現在はこの試みを園がしておらず，何かあったときの危機対応ばかりに終始している傾向があります。これでは，トラブルが起こったり，保護者の怒り

に対応するたびに保育者が疲れきってしまうという状態が，いつまでたっても改善していきません。

　けんかやけがについては，園の職員から話すよりも，講演などの機会に専門家から話したほうが，その内容が保護者の心にすっと入りやすいものです。これを「予防接種講演」と言います。保護者が「園ではいろいろなことがあるからこそ，子どもが学んでいくことができるんだ」ということを認識（覚悟）することができる講演です。このような方法を取り入れながら，保護者が園生活で子どもが体験するさまざまなことと，子どもの成長を結びつけて考えることができるように促していきます。

　ただし，ここでの大前提は，保護者が園やそこで働く職員を信頼できているということです。この信頼関係があってこそ，保護者は園の先生方や専門家の話に耳を傾けることができます。逆に，この信頼関係がなければ，いくら心構えをもってもらうための働きかけをしても，保護者の心には届きません。

専門家による予防接種講演が効果的

3章 保護者との信頼関係を深めるための保育者の心がけ

保育者が日ごろから，保護者と良い関係を築けるように心がけることによって，子どものことで何かトラブルが起こったときにも，保護者が保育者の言葉に耳を傾けてくれやすくなりますし，関係の修復も図りやすくなります。逆に，良い関係をつくれていないと，何かあったときに保護者のなかで保育者や園への不信感が高まり，その後の関係がますます築きにくくなります。そこでこの章では，日常のなかで，保護者とどのように向き合う必要があるか，信頼関係をつくるために何をしたらよいかなどについて述べていきます。

1 保護者と会話するときは，顔だけでなく身体を向けて

保護者には身体を向けてあいさつ

　登園する子どもを受け入れたり，降園する子どもを見送ったりする時間はあわただしく，保育者にとって忙しい時間です。忙しさから，つい顔を向けてあいさつをしただけで，保護者と別れることもあるのではないでしょうか。しかし，この時間

帯は保護者と向き合える貴重な時間でもあります。保護者にしてみれば，保育者が顔だけ向けてあいさつをし，話もそこそこに，ばたばたと動き回っていたのでは，保育者にちょっと尋ねてみる，話してみるという雰囲気にはなりません。保護者に「先生は忙しくしているけれど，いつでも私の話を聞く姿勢をもってくれている」と感じてもらうために，どうしたらよいのでしょうか。

　まず，保護者に会ったら，一度立ち止まって，保護者のほうに顔と身体を向けるようにしてみましょう。立ち止まって保護者と向き合うことで，保護者のちょっとした変化や異変に気がつきやすくなります。「今日のお母さんは元気がないみたい」「今日はとてもいい表情だから，何か嬉しいことがあったのかもしれない」「保育者に何か言いたそうにしている」などの気づきが，保護者と信頼関係を築くための，次の声かけにつながっていくのです。

　一方の保護者も，保育者が立ち止まってくれれば，ためらっていた話をきり出すきっかけをもつことができます。

2 保育者のほうから声をかけよう

　保護者のなかには，何か心配なことや不安なことがあっても，「先生は忙しそうだから，私の話に時間を割いてもらうことはできない」「先生に相談するようなことではないかもしれない」などと思い，声をかけることを遠慮してしまう人がいます。また，保育者があわただしく動き，保護者に向き合えずにいるなかでは，話を聞いてもらえる状態ではないからと，保護者も保育者に声をかけずにそそくさと園を出てしまうことになりかねません。

　保護者が話をしやすい雰囲気をつくるのは，保育者の声かけからです。「おはようございます」「おつかれさまです」など，保育者のほうから声をかけていくよう

にしましょう。保育者から声をかけてもらえる園は，保護者にとっても，雰囲気の良い，居心地の良いところだと感じる場所になります。

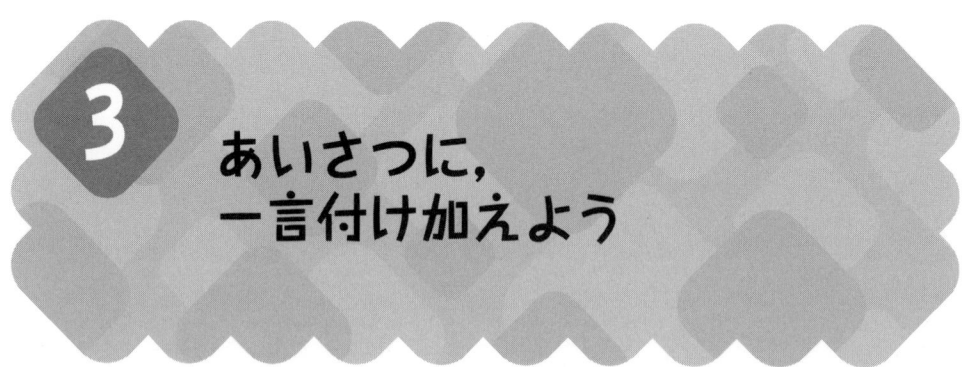

3 あいさつに，一言付け加えよう

　保護者とは，あいさつに加えて，もう一言交わすことを心がけましょう。「今日は暑いですね」といったことでもよいのですが，保護者の子どものことについて「○君のかぜは治りましたか」「今日，○君は上手に△△できましたよ」などと伝えると，保護者は「先生はいつもうちの子どものことを見てくれている」と感じて，安心するものです。

子どもをちゃんと見てくれていると感じる一言は効果的

4 保護者のグチにはうなずいて
～カウンセリングマインド～

　保護者は，保育者に信頼をよせるようになると，あるいは，保育者が自分のことを受け止めてくれるかを確認したいと感じると，保育者に自分がいかにたいへんな思いをしているかを打ち明けてくることがあります。そのようなときは，保護者との信頼関係を築く良いチャンスです。「この先生は，私の話を聞いてくれる。私の話をきちんと受け止めてくれる」という実感が，保護者が保育者を認めることにつながり，さらには，この保育者ならわが子のことをまかせられるという安心感にもつながっていくのです。

　保護者のグチは，大きくゆっくりとうなずきながら聞きましょう。また，「たいへんですね」「おつらいですね」と，相手の気持ちをくむように相づちを打つことも大切です。さらに，ところどころで「～だったんですね」などと相手の言葉を繰り返すようにすると，「あなたの話をきちんと聞いていますよ」というアピールになります。

　保護者のグチに対して，「それは違うんじゃないですか」「そのようなことを言っても，なんの解決にもならないですよ」などと反論したり，意見を述べることは控えましょう。ここでは保護者との信頼関係を築くことをまず第一に考えるべきです。

　このように，相手の話を聞こうとする姿勢を示し，かつ相手の気持ちを受容的に受け止めようとするかかわりはカウンセリングマインドといって，カウンセリングにおいて用いられる技法のひとつなのです。

5 個人情報の漏えいに気をつけよう

　保護者が保育者に，他の保護者や子どもの悪口を話してくることがあります。保育者に親しみを感じているからこそ，あるいは保育者とのむすびつきを強めたいからこそ，保護者は悪口を保育者と共有しようとするのです。このことについては，4章の6でも述べていますから，そちらもあわせてご参照ください。

　さて，保護者が他の保護者や子ども，保育者の悪口を言ってきた場合，「そのようなことはないと思います」「私はそうは思いません」などと明確に反論したり意見したりしたのでは，保護者は気分を害してしまいます。なかには，保育者が自分を攻撃したと受け止める保護者もいます。そのように感じた保護者は，次にはその保育者の悪口を，他の保育者や保護者にふれ回るようになります。

　だからといって，「そうですね」と同調したり，「そういえば」と悪口を上乗せしたりするようなことも，もちろんいけません。このことは保育者という専門職者の倫理面からみても許されないことです。とくに，保護者の話に上乗せして他の保護者や子どものことを話してしまうのは，悪意がなかっとしても守秘義務違反となり，当事者の耳に入った場合，大きな問題になりかねません。また，「あの先生も悪口を言っていた」ということが保護者の間で新たな噂話となり，信頼を失うきっかけにもなりかねません。

　保護者が悪口を共有しようとしてきたときには，話を聞き流すようにしましょう。間違っても，保護者にのせられて他の保育者や保護者，子どもの個人情報をもらすことのないように注意しましょう。

6 助言や指摘は間接的に伝えよう

　ときには，保護者のしていることや話す内容に対して，保育者が助言や指摘をしたくなることがあるでしょう。保護者が相談をしてきたときには，保育者が助言を

しても，保護者が嫌な顔をしたり不機嫌になったりすることはありません。しかし，保育者から保護者に話を切り出すときには，ストレートに助言や指摘をすることは控えたほうがよいでしょう。これは，保護者のなかには保育者の助言を，自分への攻撃だと受け取ってしまう人がいるためです。

　保護者に気をつけてもらいたいことがあるときには，その保護者のことについて話すのではなく，一般論として伝えるようにします。たとえば，「保護者の皆さんにお願いをしていることです。最近は〜ということがありますから，〜などの点にぜひご配慮ください」といったように，保護者全員に伝えている内容であるとして伝えます。また，保育者の口から伝えることがむずかしいときには，園長や主任から伝えてもらうか，保護者向けのお便りに書く方法があります。さらに，保護者向けの講演会を開いた際に専門家の口から伝えてもらうようにするのも効果的です。

失敗例
個人に直接意見を伝えると怒り出す人がいる

成功例
保護者全員に向けたメッセージとして伝える

7 発達障害や病気のある親への対応法を知ろう

3章 保護者との信頼関係を深めるための保育者の心がけ

　いくら伝えても伝わらない，複数のことを伝えると混乱してしまう，保育者の言動を誤解して怒り出すことが多い，話の主旨と関係のないところを気にして細かい質問をしてくる，感情の起伏が激しいなど，保育者が保護者の対応に困ったケースをみると，保護者に障害や心の病気があると思われるケースがあります。保護者に障害や病気がある場合，保育者は「上手にコミュニケーションがとれない」「誠意をもって接しているのに，それが伝わっていると実感できない」というところで，途方にくれてしまいがちです。誠意をもって接することは大切なことですが，このような保護者に対しては，それだけでは不十分です。保育者が言いたいことをそのような保護者に伝えるにはちょっとしたコツが必要です。

ていねいに伝えようとして長々と説明すると、保護者は混乱する

保護者の障害や病気については，診断がついていないこともよくあります。保護者自身も，自分の障害や病気に気づいていないことがあります。つまり，保育者には保護者の状態が障害や病気によるものか，そうでないかの判断がつかないことがあるのです。ですから，障害や病気があると明確にわかってから配慮するというのではうまくいかないことが出てくるでしょう。コミュニケーションを上手くとれないと感じる保護者に対しては，対応の仕方を工夫してみる姿勢が必要です。具体的な対応の仕方については，4章の10に説明を載せているので，そちらをご参照ください。

保育者の日頃の心がけが保護者との信頼関係を深める

4章 保護者のタイプと対応の仕方

ここでは，保護者の特徴をいくつかのタイプに分けて，その具体的な特徴や対応の仕方について述べていきます。保護者の特徴に配慮して保育者が適切に対応することで，保護者とのトラブルを回避し，より円滑に保護者と信頼関係を築いていくことができます。

1 自己主張が強い

特徴　保護者が園にいろいろな要望を出してくることは悪いことではありません。基本的には，保育者は保護者の要望や意見をしっかりと聞いて，今後の保育に役立てようとする姿勢が必要です。子どもにとって良い園とは，経営者も保育者も保護者も一体となって，園をより良くしていこうとする体制ができているところなのです。

　しかし，保護者が無茶な要望を出してきたり，保育者の意見に耳を傾けなかったりするのでは困りますね。自分の子どものことについてさまざまな要望を出し，自分の思い通りに物事を進めようとする保護者がいます。このような保護者は，自分の要求や考えが理不尽であるかどうかを考えるまえに，思い通りに動いてくれない保育者に不満を募らせてしまいます。また，このような保護者は，自分の主張を保育者が否定しようものなら，激しく怒り出すことがあります。保育者が要求を聞き入れなかったときには，「なぜ」「どうして」と保育者に詰め寄ったり，保育者の対応が不誠実だと文句を言ったりすることがあります。

ミニ事例

　A君のお母さんは，意見や要望をストレートに保育者に伝えてくれます。しか

し，ときには保育者が応えられない要望もあります。これまでには，「うちの子どもは足が速いほうだし，走るのが好きなので，運動会ではリレーの選手にしてほしい」「発表会の子どもの様子を撮影しておじいちゃんとおばあちゃんに送るので，出演する回数の多い役にしてほしい」などの要望がありました。また，担任が，A君の服装や，活動で使う道具などについてお願いや注意点を伝えると，「でもね」「だって」と反論が返ってくることがよくありました。

担任が理由を説明すると，不満そうにしながらも「わかりました」と納得してくれます。しかし，あとで主任には「私は～と思ったのに」と，自分が正しいということを主張しているようです。

保育者への不満を主任に訴える保護者

対応法と配慮点

このタイプの保護者は，認められたいという気持ちが強いので，認められているという実感を保護者がもてるようなかかわりを，日ごろからもつようにしましょう。保護者とやりとりをしていて，「でもね」「だって」という言葉が返ってきたら，「そうですね」「確かに，そういうこともあると思います」など，保護者の主張をまずは受け止めます。そのうえで，対応できないことには「～ということもあるので，今回は～していただけませんか」などと話して，納得してもらいます。つまり，主張は受け止めるけれど，対応できないものは聞き入れず，やんわりと断ります。

担任が説明しても納得してもらいにくい場合は,「園長や主任に相談してみます」と伝え,後日に返事をするようにします。そして,園長や主任にこのことを報告し,どのように答えるかを相談します。保護者に返事をするときには,担任が「この間のことについて園長（主任）に相談をしてみましたが,やはり〜ということで……」と,園長や主任の名前を出しながら説明するようにします。このように,保護者の主張について保育者,主任,園長がきちんと検討したという姿を見せることで,保護者は気持ちをおさめやすくなります。

　ただし,保護者の主張が適正である場合などは,当然のことながら,園全体で検討して改善していく姿勢が必要です。意見や要望の多い保護者に対して,保育者はつい「またあの保護者か」と思いがちです。正しい主張まで耳を傾けずにいたのでは,保護者の不満がたまって,ついには爆発する,ということになりかねません。なにより,保護者の正しい主張を聞くことができない園は,良い園であるとは言えません。

保護者の主張をまずは受けとめて

対応できないものはやんわりと断る

2 先生や園を信用しない

特徴 先生や園を信用していない保護者がいます。「先生は，うちの子どものことを理解していない」「園に相談しても，意味がない」という思いをもっている保護者です。このような保護者は，保育者が説明をしても納得してくれない，保育者の話を真剣に聞こうとしない，細かいことを確認してくる，楽しい話題にもあまりのってきてくれない，などの特徴があります。つまり，常に心の距離をあけて，疑いの目をもって保育者と付き合おうとするのです。

保護者が保育者や園を信用できない原因には，過去に「私がいじめにあっていたのに，先生は助けてくれなかった」「私は何もしていないのに，先生に疑われた」など，"先生"を信用できないと思うような体験をしていることがあります。

このような保護者は，最初から園や保育者を信用できないと思っているので，園で何かあった際には「やっぱりね」と，さらに園への不信感を強めていきます。これが積み重なると，保護者は，保育者の言うことを何も聞かなくなってしまいます。

過去の経験から保育者を信じられない保護者がいる

ミニ事例

　Bちゃんのお母さんは，あいさつはしてくれるのですが，それ以上の会話を保育者としようとはしません。これまでに，Bちゃんのお母さんのほうから相談をしてきてくれたことはありません。保育者が子どものことで話をしようとしても，「そうですか」「わかりました」と相づちを打ちながら，話を早々に切り上げようとします。この間，「何かあればいつでも相談してくださいね」と声をかけたときも，あまり反応してもらえませんでした。

　保育者はお母さんに嫌われているとは思わないものの，どこかそっけないお母さんの態度にとまどっています。たまに会うBちゃんのお父さんも，お母さんと同じくあいさつを交わす程度です。保育者はこの両親と心の距離があるように感じています。

対応法と配慮点

　保護者には保育者の心は見えません。たとえ，誠意をもって「私たちを信用してください」「大丈夫です」「お任せください」などと伝えたとしても，園や保育者を信用していない保護者の心には届きにくいものです。保護者が「今までの先生とは違う。この先生なら子どものことを任せられる」と思えるためには，具体的な行動で，少しずつ距離を縮めていくしかありません。

① 連絡・報告・相談を徹底する

　園で子どもに何かあった場合には，保育者を通じてそのことが保護者に伝わるようにします。保護者が子どもや他の保護者から話を聞いて園での出来事を知ったときには，「あの先生は何も言ってくれなかった。子どものことをちゃんと見ていてくれなかった」という疑いをもちやすいからです。

　園での出来事について保育者から伝える内容は，状況の説明，そのときの保育者のかかわり，その後にフォローした内容です。加えて，「お子さんの様子を見て，気がついたことがあれば教えてください」と，翌日以降の子どもをフォローする気

持ちがあることを伝えます。また，後日には「その後のお子さんの様子はいかがですか」などと，子どもや保護者を気遣う言葉かけをします。

　子どもを気にかける言葉かけは，何かあったときだけでなく，普段から心がけておくとよいでしょう。このような積み重ねによって，保護者は「この先生は，（自分が）今までに会った先生とは違って，子どものことをよく見てくれている」と感じるようになっていきます。なお，直接伝える機会がなければ，電話で伝える，連絡帳に「今日は〜ことがありました。詳しくは明日のお迎えのときにお話ししたいと思いますので，少しお時間をください」と書いておくなど，なんらかの形で連絡，報告，相談をするようにしましょう。

② 問い合わせには細かく答える

　保護者から問い合わせがあった場合には，細かく答えるようにします。それに加えて，その後も問い合わせのあった事柄について，どのように対応したかなどを報告することを心がけましょう。

信頼を得るためには具体的な行動の積み重ねが重要

3 子どもの問題を認めない

特徴 このタイプの保護者に共通するのは，子どもの問題を認めないことによって，子どもに対する愛情を示しているという点です。しかし，これは正しい愛情表現ではありません。

保護者が子どもの問題を認めない原因は，次の3つに分けられます。

❶ 園での子どもの姿を知らない
❷ 子どもを守るのが親の役割だと思っている
❸ 「自分が非難された」と感じる

子どもの問題を認めないことが愛情表現と勘違いしていることも

たとえば，保護者が精神的に，あるいは力づくで子どもを抑え込むタイプであると，子どもは保護者の前では叱られないように良い子にしています。そして，家で溜め込んだものを園で一気に吐き出します。このような場合には，保育者がいくら

園での子どもの問題について伝えても、保護者は「そんなはずはない。この先生はなぜそのような言いがかりをつけるのだろう」と感じ、本気で「うちの子にはそのような問題はない」と言い張るのです。

　また、保護者のなかには、子どもの問題に気がついていながら、それを親である自分が認めてしまうことで、子どもの価値を下げてしまうのではないかと考える人がいます。さらに、子どもの問題に気づいているにしろ、気づいていないにしろ、子どもの問題を指摘されることは、親である自分に非があると言われているのと同じだととらえる人がいます。このような保護者は、自分が責められることを嫌うので、子どもの問題についても言い訳したり、「言いがかりだ」と怒り出したりします。

ミニ事例

　C君の家は、お母さんとC君、お母さんのご両親と暮らしています。C君は昨年度から園に入ってきましたが、入園当初から、他の子どもに手を出したり、保育者に対して乱暴な言葉を使ったりするので、担任は手を焼いています。今も、気に入らないことがあると暴れ、保育者や他の子どもを叩くことがあります。C君のことについて、お母さんに報告するようにしていますが、お母さんは「Cは父親がいないので、その分私が厳しく育てるようにしていますし、家では先生の言うようなことはありません。私には信じられないのですが」と、保育者の報告を否定されてしまいます。実際、お母さんといるときのC君はとてもおとなしく、お母さんの言うことをよく聞いているようです。しかし園では、他のお子さんもC君が叩くからと怖がっているようなところがあります。それでも、お母さんは、「Cは家ではそのようなことはないです。むしろ、甘えん坊で弱虫なところがあって……」と、なかなか保育者の言うことを信用してくれません。

対応法と配慮点

　子どもが園でしか問題を起こさない場合、園での子どもの様子を見せない限り、保護者は保育者の言うことを信じてくれません。保護者に来園してもらい、子ども

に見つからない位置で子どもの様子を見てもらうといった対応が必要になります。それがむずかしい場合は，ビデオで撮影した子どもの様子を見せるというのでもよいでしょう。ただし，その保護者の子どもに焦点をあてて撮影したとなれば，そのことが保護者とのトラブルの引き金になりかねません。そこで，保育室全体を撮影し，そこに子どもの様子が映りこむようにします。そして，「私自身の勉強のために，保育の様子を撮影しているのですが，たまたま〇君の様子が映っていましたので見ていただけますか。このような行動を〇君はしばしばとっています」と伝えて，保護者にビデオ映像を見てもらいます。

　保護者が子どもの問題に気がついている場合には，一緒にこのことについて考えていきたい，自分も〇ちゃんのためにできることをしたいという思いを強くもっていることを伝えます。保育者が保護者に子どもの問題を認めさせたいとむきになってしまうと，保育者が被害者，子どもやその保護者が加害者という関係に陥りやすくなります。保育者は，あくまでも保護者と一緒に考えていくという姿勢で対応することが大切です。

園での子どもの様子を見てもらうことも方法の1つ

4 被害者意識をもちやすい

特徴 人は，人生のさまざまな場面で望ましくないことが起こったとき，その原因がどこにあるかということをはっきりさせないと落ち着かないものです。その際に，自分に非があったとしても，自分以外のどこかに問題があると思わないと自分を保てないこともあります。

保護者が，自分は守られているという安心感をもてずにいると，被害者意識をもちやすくなり，ささいなことでもすべて自分への攻撃ととらえて，構えてしまいがちです。また，自分を守るための防衛反応として，ときに激しく怒ったり，保育者を攻撃してきたりします。さらに，園での出来事について，自分と子ども以外の誰かに問題があったのではないかというように，犯人探しを始めることがあります。

自分の子どもは常に被害者と思いこんでしまう

ミニ事例

　Dちゃんのお母さんは，たとえば保育者が「Dちゃんは午前中に泣いてしまい，しばらくは担任の側を離れなかったのですが，午後はいつもどおりに過ごしていました」と報告すると，「またXちゃんがDに何かしたんですか」と不安そうに尋ねてきます。

　確かにXちゃんは気の強い女の子ですが，Dちゃんとは仲が良く，いつも一緒に遊んでいます。XちゃんがDちゃんを振り回してしまうこともありますが，Dちゃんと他の子どもたちがXちゃんを遊びからはずしてしまうこともあります。保育者の目から見れば，いつもDちゃんが被害者ではありません。

　先日，DちゃんとXちゃんがけんかを始め，Xちゃんに突き飛ばされたDちゃんが頭を軽くぶつけてしまいました。Xちゃんも，顔をDちゃんに引っかかれていました。その日のうちに子ども同士は仲直りをしましたが，2人とも泣いてしまったため，保育者は迎えに来たお母さん方にこの出来事について報告しました。

　その翌日，Dちゃんのお母さんがXちゃんの家に電話をかけたことをきっかけに，両者の間で言い合いになったと聞きました。Xちゃんのお母さんは「けんか両成敗でおさめたいけれど，Dちゃんのお母さんはXだけが悪いという口ぶりなので頭にくるんです」と言います。一方，Dちゃんのお母さんは「Xちゃんは乱暴だから，もううちの子と遊ばせたくない」と言います。保育者が「そんなことはない」「2人は仲が良い」と説明しても，Dちゃんのお母さんの耳には届きません。それどころか，「先生はXちゃんばかりかばって，Dのことを考えてくれないのですか」とムッとされてしまう始末です。当の子どもたちはというと，けんかのことなど忘れて，今日も仲良く遊んでいます。

対応法と配慮点

　保護者は，自分や子どもが悪くないというストーリーをつくって話を聞くので，保育者が経緯を説明しても，犯人探しに必死になります。したがって，保育者が話をするときには個人名を出さずに，やむをえずこういうことが起こったと説明するように心がけます。

園によっては，保護者の間で起こった問題は，保護者同士で解決してもらおうというところがありますが，そうすると問題がこじれてしまうことが多いですし，そこで生まれた確執は他にも影響することがあります。したがって，このような対応は絶対にしてはいけません。必ず園が関与し，両方の保護者をおさめるクッションとなるようにします。保育者も，どちらかの味方をすることなく，両方の気持ちをおさめるように，保護者の気持ちがエスカレートしないように対応していきます。

保護者同士が直接対決すると問題がこじれやすい

保育者が間に入ってクッションに

5 いつも不安を感じており，細かいことを気にする

特徴 　保育者の保育や子どもの様子について，細かいことを気にしたり，親としてやらなければならないことの1つひとつに不安を感じて，どうしたらよいかと悩んでしまう保護者がいます。このような保護者はことあるごとに，保育者に質問をしたり確認をしたりします。そうしないと，不安で仕方がないのです。

　保護者がこのように不安を高める原因には，子育てを応援してくれる人がいないと感じていること，身近にグチをこぼせるような友人や知人がいないこと，周囲の人から責められる立場にあること，などがあると考えられます。その結果として，子育てにおいても自信がない，失敗がこわいと感じ，保育者にその不安な思いをぶつけることになるのです。

不安から保育者に細かいことまで確認せずにいられない保護者がいる

ミニ事例

E君のお母さんは，子どもを入園させたときから，名札の位置，持ち物などについて細かく，何度も保育者に確認してきました。最近も，お母さんは「子どもが今日，園で泣いたようなのですが，何かあったでしょうか」と心配そうな顔で尋ねてきました。保育者が「大丈夫ですよ。園庭で転んで泣いてしまったのですが，そのあとは元気に遊んでいました」と答えたところ，「うちの子はよく泣きますか」「どういったことで泣くことが多いのでしょうか」「うちの子は我慢が足りないのでしょうか」と，さらにいろいろな質問を受けました。「お母さん，そんなに心配しなくてもお子さんは大丈夫ですよ」とはげますようにしていますが，お母さんの不安な気持ちはなかなかおさまらないようです。

対応法と配慮点

疑問や心配に1つひとつ答えることで不安がやわらぐ

不安が高まりやすく，細かいところが気になる保護者には，感じている疑問や心配している事柄の1つひとつに答えていく姿勢が必要です。不安そうな顔をしている保護者に向かって，「心配しなくても大丈夫ですよ」「そんな細かいことを言ってもきりがないので，私たちに任せてください」などと伝えて，細かい疑問や心配事

に答えずにいたのでは,保護者の不安は低まらないからです。もしもこのようなおおざっぱな回答をしたならば,「この先生はどうして大丈夫だと言えるのだろう」という新たな不安,もしくは園へのちょっとした不信感を保護者がもつかもしれません。

　保護者の不安をやわらげるために,事前連絡と事後報告をこまめにしていくことが大切です。これは,園を信用しない保護者への対応と同じです。また,ミニ事例のように「うちの子はよく泣きますか」「どういったことで泣くことが多いのでしょうか」「うちの子は我慢が足りないのでしょうか」などと保護者から次々に質問があった場合でも,その1つひとつに「他の子と比べても,それほど泣くほうではありません」「今回のように転んで痛かったときには泣くこともありますが,これは他の子も同じです」「○君は,〜のときにも我慢できていましたよ。だから,我慢が足りないということはありません」などと,理由や根拠を示しながら伝えていきます。この積み重ねによって,保護者は「何かあったら先生は必ず知らせてくれる」「この園なら子どものことを任せて大丈夫だ」と思えるようになるのです。

6 悪口や噂話を保育者と共有したがる

特徴　保育者との会話のなかで,他の保護者やその子ども,他の保育者の悪口を言ったり,噂話をしたがったりする保護者がいます。悪口を共有するということは,共犯に,もっと言えば仲間になるということです。保護者は,悪口を共有することで,その保育者と仲間になりたいと思っているのです。また,そのような関係をつくることで,自分が優位な立場に立とう,悪口のターゲットになることを防ごうとしていることもあります。

　保育者が保護者の悪口や噂話にのらず,「そんなことを言ってはいけない」と保

護者を諭したりすると,今度はその保育者が悪口のターゲットになってしまうことがあります。

ミニ事例

　Fちゃんのお母さんは,噂話が好きで,他の保護者や保育者の噂話をいろいろなところで話すので,お互いの関係がぎくしゃくしてしまうことがあり,誤解を解くのに保育者は苦労しています。Fちゃんのクラスを受け持った担任は,さっそくFちゃんのお母さんから他の保護者の悪口を聞かされ,「先生もそう思うでしょう」と意見を求められて,返事に困ってしまいました。保育者が答えられずにいると,お母さんはさらに「だって,○先生もそう言ってた」と,さらに保育者に同調を求めてきます。お母さんの話にうなずかないと,今後のお母さんとの関係が悪くなるような気がしますが,悪口に同調するのにも抵抗があります。最近では,担任はFちゃんのお母さんと会うたびに「また悪口や噂話を聞かされるのかな。どのように返事をしたらよいのだろう」と緊張してしまいます。

悪口や噂話への同意を求められてしまう

対応法と配慮点

　保育者は,そのような保護者の話にのってはいけません。そうは言っても,そのような話を切り出されたときに,「他人の悪口は言ってはいけません」「噂話はやめ

ましょう」と保護者をたしなめれば，保護者との関係にひびが入ったり，他のところで自分の悪口を言われたりすることになってしまいます。保護者からの悪口や噂話は，ただ聞き流すしかありません。

　園全体で対応の仕方を話し合っておかなかったばかりに，担任は保護者の悪口にのらなかったのに，他の保育者が保護者の悪口や噂話に応じてしまったということがあります。これでは，保護者の悪口にのらなかった保育者が孤立してしまいます。保護者からの悪口や噂話にどう対応するかについては，職員間でよく話し合い，共通理解をもっておく必要があります。

悪口や噂話は聞き流す

園全体で対応を話し合い共通理解をもつ

7 夫婦仲が悪い

4章 保護者のタイプと対応の仕方

特徴　保護者のなかには，夫婦仲があまりうまくいっていない人たちがいます。表面上は夫婦仲に問題がなくても，お互いに不満をもっているケースもあります。そのような場合，保護者は次のような行動をとることがあります。

❶ 相手（多くは夫）の悪口やグチを保育者に話してくる
❷ 園や保育者を攻撃の対象にすることによって，夫婦の結束を強めようとする

❷については，夫婦仲がさらに悪くなることを避けるために，意識的に，あるいは無意識的に園や保育者を攻撃の対象にします。つまり，園や保育者に一緒に立ち向かうことで，夫婦の関係を保とうとするのです。

一方，夫婦仲が悪い家庭では，子どもは2人の言い争いを目にしていたり，不穏な空気を感じていたり，間にはさまれていたりするので，精神的に不安定になりがちです。しかし，園での子どもの問題を保護者に話すと，「夫（妻）に似た」「夫（妻）が〜だから」と，話題が夫婦の問題にすり替わってしまい，話が進まないということがあります。

子どもの問題も夫婦の問題にすり替わってしまう

ミニ事例

　G君の両親は，家でけんかをすることがよくあるようです。そのためか，G君は園では不安定で，機嫌の悪い日や，保育者にまとわりついて離れない日などがあります。G君のお母さんは，「先生，聞いてよ。うちの夫は……」と父親の悪口を言うことがしばしばあります。保育者がG君の様子を心配して，G君の園での様子を話しても，「夫が〜だから，Gがそういうことをする」と父親のせいにして，また父親のグチを話し始めます。たまに見送りに来るお父さんにG君のことを話したときも，同じように「妻が甘やかす」と言うばかりです。G君のご両親に仲良くしてほしいけれど，保育者が口を出すところではないため，手をこまねいている状態です。ご両親の仲が良くなり，なんとかG君に目を向けてほしいと，保育者は思っています。

対応法と配慮点

　保護者が保育者にもらす夫（妻）の悪口やグチに，保育者は「そうですね。それはひどいですね」と応じてしまうのではなく，「それはたいへんでしたね」「お父さんも，お母さんの苦労をわかっているのではないですか」といった程度にとどめておいたほうがよいでしょう。昔は，園長などが夫婦げんかの仲裁に入って，両親を諭すこともありましたが，現在では，こうした園の対応は保護者に受け入れてもらえなくなりました。夫婦というのは，良いときもあれば悪いときもあります。いずれにしても，味方をつくりたい気持ちから，保育者にグチを言ってくるわけで，そこでのやりとりが，夫への攻撃に使われることがありますし，あとから保育者へのクレームとなって出てくることもあります。したがって，保護者の悪口やグチに安易に同調しないほうがよいのです。

　夫婦仲が悪い両親が一緒に園に怒りを向けてくることがあります。夫婦がお互いに怒りを向け合っているとクタクタになってしまうので，共通の敵をつくって，怒りを外に向けるのです。また，一緒に怒っている場合には，夫婦は言ってみれば同志になるので，その間はお互いの関係は安定することになります。また，両親ともに園に来て怒りをぶつけている際には，とくに父親の怒りがヒートアップしやすく

なります。これは「自分も子どもを守るという父親としての義務を果たしている」ということを妻に見せているからです。

　いずれにしても、このように夫婦仲が悪いケースで保育者が気にかけなくてはならないのは、その子どもです。子どもは日ごろから夫婦のつばぜり合いを見ていたり、その間にはさまれてしまうので、その関係のなかで不安定になっている子どもに対応しようという思いをもっておきましょう。お互いのグチを言い合う夫婦や怒りをぶつけてくる保護者にいかに対応するかというよりも、その子どもを見守るという視点に立つのです。なお、夫婦仲が良くなることで、とたんにクレームの数が減ることがあります。

夫婦仲が改善することで子どもの状態も安定することも

8　子どもへの関心が薄い

特徴　この保護者は子どもへの関心が薄いのではないかと感じることがあります。子どものことを話しているのに真剣に聞いてくれない、子どもの

送り迎えのときに子どもから目を離していることが多いなどの様子が目についたときに，保育者はこのように感じます。しかし，保育者の目に子どもへの関心が薄いと映る保護者が，必ずしも子どもを愛していないということではありません。保育者が「子どもへの関心が薄いのは，愛情が足りないからだ」と結論づけてしまうことのないようにする必要があります。

保護者が子どもに十分に目を配れないのには，次のような理由があると考えられます。

❶ 子どものことを十分に考えられない状態にある
❷ 親として未熟なところがあり，子どもよりも自分のことを優先してしまうことがある

❶にあてはまる事例としては，夫と離婚のことでもめ，ようやく離婚が成立したときには疲れきってしまい，今後のことへの不安もあって，一時的に子どものことも自分のことも，きちんと考えられなくなっていることなどがあります。

親が大きな悩みを抱えていて子どもに目を向けられない状態のときも

ミニ事例

　Hちゃんのお母さんは，子どもを迎えに来たあとも，園庭で子どもを遊ばせておいて携帯をいじっていたり，他の保護者と話していたりして，子どもを見ていないことが多いようです。この間は，子どもがフェンスに登って遊んでいることに気がつかずに他の保護者と話し込んでいたため，保育者が「お子さんが危ないですよ」

と伝えたのに，その場で「先生が降りなさいって言ってるよ」と声をかけただけで，また保護者と話を続けてしまう始末です。

対応法と配慮点

　子どもへの関心が薄いように見える保護者に，保育者が「もっと子どもを見てあげてください」と伝えただけでは，保護者が行動を改めることにはつながらないでしょう。保護者が子どもに十分に目を配れない状態にあるということは，保護者が抱えている問題に折り合いをつけられずに，心配事や不安で頭がいっぱいになっているということです。あるいは，深刻な問題を抱えているために，一時的に自分のことも子どものことも十分に考えられなくなっていることもあります。そのような場合には，まずは保護者を支えていこうという姿勢が必要です。保育者が保護者の話をじっくりと聞いて，その気持ちを受け止めていけば，保護者は少しずつ自分の気持ちを整理することができるようになるでしょう。保護者の心に余裕ができれば，霧が晴れたように，そばにいる子どものことが見えてくるようになります。

　保護者に未熟なところがあって，子どもに関心を向けられていない場合，その保護者を責めることは逆効果になります。保護者と保育者の関係が悪くなるだけです。保護者と同じところに立って，共感し合いながら話を進めていくことで，保護者がすんなりと保育者の話を聞いてくれることがあります。

まずは保護者の気持ちを受けとめることがポイント

9 複数の養育者がいる（親と祖父母）

特徴 子どもの送り迎えは，親だけでなく，子どもの祖父母が行うこともあります。保育者が子どもの親に伝えていたことが祖父母に伝わっていない，子どもの親と祖父母の間に子育ての考え方の違いがあることなどから，親あるいは祖父母から保育者に問い合わせや抗議が寄せられることがあります。

たとえば，子どもの両親が共働きしている家庭では，祖父母が孫の面倒をみていることがあります。そのような場合，祖父母には，自分が子どもの実質的な養育者であるという気持ちがあったり，働いているお母さんへの不満をもっていたりします。そうすると，子どもの父母と祖父母との間で，「子どもの養育者は自分である」という気持ちがぶつかり合うことになってしまい，結果として，協力し合えない複数の養育者が存在することになってしまうのです。

親と祖父母の関係が悪いと一方にだけ伝えたことがトラブルの原因に

> **ミニ事例**

　I君は，両親，父方の祖父母と同居しています。両親が共働きのため，子どもの送り迎えは祖母が行うことが少なくありません。ある日，I君が友だちとけんかをして顔を引っかかれたので，迎えに来たお母さんにそのことを伝え，お詫びをしました。お母さんは「けんかは仕方のないことなのでいいですよ。相手のお子さんは大丈夫でしたか」と笑って許してくれたので，保育者はほっとしていました。ところが，翌日に子どもを送りにきた祖母から，「昨日，うちの孫の顔に傷がついていて驚いたのですが，何があったのですか」と尋ねられました。そこで，お母さんと話した内容をお話しすると，「こういったことはきちんと対応しなくてはなりませんよ。うちの嫁はそんな無責任な対応をしたのですか」と怒り出してしまいました。保育者は，お母さんとお祖母さんの関係を悪化させてしまったのではないかと心配しています。

対応法と配慮点

それぞれの養育者に事情を説明することでトラブルを回避

　複数の養育者がいる場合，子どもに何かあったときには，それぞれの養育者に事情を説明しておくのがよいでしょう。そうすれば，たとえば祖父母が「自分たちが子どもの面倒をみているのに，何かあったときにはかやの外に置かれる」という気

持ちになることはありません。

　また，養育者の1人に伝えていたことについて，翌日，別の養育者から問い合わせがあった際には，「すでにお伝えしてあります」と対応するのではなく，「お伝えしようと思っていたところです。実は〜ということがありました」と改めて事情を説明するようにします。

　さらに，養育者の1人からもう一方の養育者がどう反応したかを尋ねられたときには，結論だけを伝えるのではなく，その養育者が決して問題を軽視していなかったこと，問い合わせをしてきた養育者と同じように子どものことを心配していたことを伝えるようにします。

10 保護者に発達障害や心の病気がある

特徴　発達障害や心の病気のある保護者は，保育者が伝えたと思っていたことがきちんと伝わっていないことがあります。また心に病気がある場合は，日によって状態が変化しやすいので，保育者が保護者の状態に振り回されてしまうことがあります。具体的には，次のような特徴があります。

❶ささいなことを気にする

　物事を全体としてとらえることが難しく，細かいところにこだわってしまう保護者がいます。保育者としては話がなかなか進まずもどかしい思いをしますが，このような保護者は，細かいことを1つひとつ確認することで全体をようやく把握することができるのです。また，「適当に」「何でもよい」などのあいまいな説明やお願いは，理解ができなくて混乱します。ときには，保育者の言葉を誤解して怒り出すこともあります。

❷保育者の話を聞かずに，一方的に自分の話だけをする

　話すのは得意だけれども，相手の話を聞いて理解することが苦手な保護者がいます。保育者の言っていることを理解していないのに話を進めようとするので，結果として，一方的な話し方になります。

❸1つの作業を集中して行うことができない

　たとえば園行事の手伝いで，担当していた作業を中断して別のことをし，また戻って作業するといったように，1つのことを長い時間続けられないことがあります。あるいは，保護者会などで意識が他のところに飛んでしまい，話に集中できずにいることがあります。

❹読むこと，書くこと，計算をすることが苦手である

　園便りや連絡帳を読むことが苦手な保護者がいます。また，連絡帳などに自分で文章を書くことが極端に苦手な保護者もいます。なかには，計算が極端に苦手な人もいます。このような場合には，保育者が代筆したり，口頭でのやりとりで子どもの様子を伝えるなどの配慮が必要になります。

❺約束をやぶる

　病気の症状が強く出ているときには布団から起き上がれなくなる，他の人と話ができなくなるという保護者がいます。そのため，「子どものお迎えの時間なのに来ない」「提出をお願いしていた書類を持ってきてくれない」など，保育者との約束をやぶることが起こってきます。

❻気分の起伏が激しく，ちょっとしたことで怒り出す

　病気があることによって，気分が落ち込んで疲れきった顔をしている時期と，気分が高揚して，ちょっとしたことで激しく怒り出したり，特定の保護者に強いつながりを求めてきたりする時期を繰り返す保護者がいます。

相互のやりとりが苦手で一方的に話してしまう

ミニ事例

　Jちゃんのお母さんには，保育者の言葉がうまく伝わらないと感じることがしばしばあります。先週，保育者が「来週は芋ほりをするので，汚れてもよい格好をしてきてください」とお願いしたところ，「汚れてもよい格好とはどのような格好ですか」と尋ねてきました。そこで，保育者が「土がついても構わない服ならば何でもよいです」と答えたのですが，お母さんは明らかにとまどっている様子でした。どうも，お母さんは「何でもよい」「適当なものを」などと言われると，どうしたらよいかわからなくなってしまうようです。

対応法と配慮点

　何度言っても伝わらないと感じる保護者に対しては，連絡事項を紙に書いて渡すようにします。口頭で伝えることに加えて，紙に書いて見せるのです。また，保護者に説明やお願いをするときは，あいまいな表現を使わずに，保護者が何をすべきかを具体的に，細かく示していくようにします。たとえば「芋ほりのための汚れてもよい格好」をお願いしたいのであれば，右上のイラストに示した内容を伝えるとともに，紙に書いて渡すのです。加えて，一度にたくさんのことを伝えるのではなく，1つひとつ，順番を追って説明するようにします。

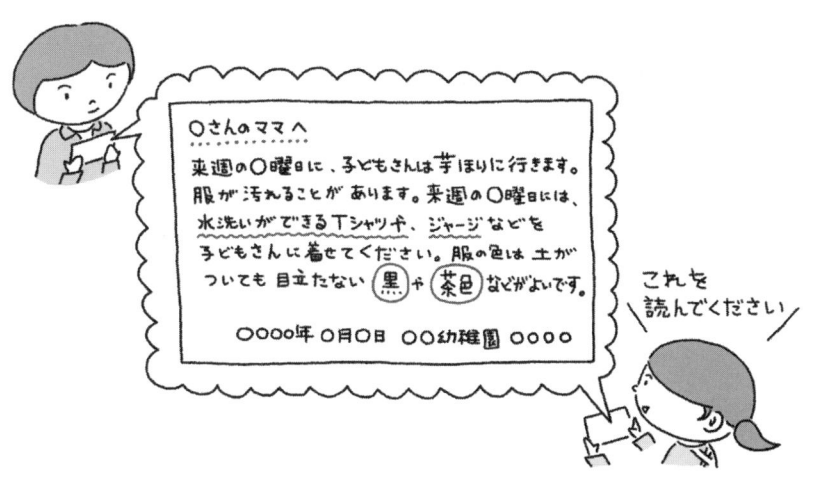

何度言っても伝わらない場合は紙に書いて渡す

　保護者が特定の保育者を頼って，プライベートでもその保育者と付き合いたがったりすることがあります。逆に，特定の保育者を避けることもあります。保護者に頼られた保育者は，園にいる間は受容的に対応すべきですが，保護者のためだからと考えて自分の携帯電話の番号を教えたり，休日に会ったりするのはいけません。保護者が保育者のプライベートを知りたがったり，あるいはプライベートの時間にも保育者と付き合いたがったりする場合には，「仕事（用事）が入っています」「携帯電話の番号は教えてはいけない決まりなのです」などと理由をつけて断り，過度の要求は聞き入れないようにします。

過度な要求はきっぱりと断って OK

4章　保護者のタイプと対応の仕方

5章 保護者対応で困ることFAQ

ここでは，具体的に保育者が困っている事例を取り上げ，保育者がその問題をどのようにとらえ，いかに対応したらよいかについて述べていきます。

1

数カ月に1回，同じ保護者から怒りの電話がかかってくる

　ある日，保護者から抗議の電話がかかってきました。応対した担任は，電話でのやりとりだけでは解決がむずかしいと判断し，後日に来園してもらって話をする約束をしました。保護者と直接話をした日は，担任の他に園長に同席してもらいました。園長が保護者と話したことで，何とかその場はおさまり，担任は胸をなでおろしていました。

　ところがそれ以降，数カ月に1回の頻度でその保護者から電話がかかってくるようになりました。電話に出ると，保護者は怒っていろいろと抗議してきます。担任が毎回電話口でその保護者の話を聞くようにしていますが，受話器を置くころにはへとへとになります。最近では電話の音が鳴るたびに緊張してしまいます。

定期的にかかってくる保護者からの怒りの電話

対応の仕方

1 保護者が最初に怒りを出してきたときに適切に対処する

　保護者が怒りを出すきっかけとなる出来事があったときに保育者がどう対応したかが，その後の保護者との関係に影響してきます。この最初の段階で，迅

速に対応することが大切です。保護者に来園してもらい、じっくりと話を聞きましょう。保護者が強い怒りを出しているうちは、深くうなずき、相手の話を聞くようにします。保護者の怒りがおさまってきたところで、「辛い思いをさせてしまいました」「さぞ心配されたことと思います」など、相手の気持ちをくんだ言葉をかけ、今後の対応や具体的な改善策などについて伝えます。

たとえその場で保護者の怒りが静まったとしても、その後のフォローを何もせずにいると、保護者が「あれはその場しのぎの対応だったのか」という思いを抱くことになります。したがって、事後の報告・連絡・相談を必ずするようにします。また、「その後はいかがですか」というように、相手を気遣う言葉かけを心がけます。

2 ストレスのはけ口になってしまったら

保護者が怒りを出してきた最初の段階で適切に対応したとしても、保護者がたびたび怒りを保育者や園に向けてくることがあります。これは、保護者が園を自分の感じているストレスをぶつける場にしてしまったことによります。一度怒りを出した経験が、園をストレスのはけ口とする道すじをつくってしまったのです。そうなると、怒りをぶつけることが、保護者の主な目的となります。

担任だけに押し付けるのではなく園全体で対応にあたる

常に1人がこの保護者の怒りを受け続けるとなると、その負担はかなり大きくなります。園長と主任が担任とともに交互に話を聞くなどの体制をつくって対応にあたる必要があります。保育者が根気よく対応し続けたことで、保護者からの電話の回数が徐々に減り、最終的には忘れたころに電話がかかってくる程度になったという例があります。

　ただし、園長や主任、担任が、長い間保護者の怒りのはけ口を担当し、心身ともに疲れきってしまうのではいけません。事態が一向に改善していかなかったり、怒りや要求がエスカレートしていくような場合には、6章で述べるように、最終手段として、保育者を守るために、退園を考えていただくことも必要です。

② 子どもが園で負ったけがについて、保護者との溝が埋まらない

　先日、保育者が目を離したすきに、子どもが木から落ちてけがをしました。担任は、子どもをすぐに病院に連れて行くとともに、保護者に連絡を入れました。後日に、園長と担任が、けがをしたときの状況や治療費の支払いについて保護者に説明をしました。

　子どもが登園を再開して、いつも通り走り回って遊ぶようになったので、保育者が「もう大丈夫」と安心していたころに、子どもを迎えに来た保護者から尋ねられました。その内容は「その後、そちらからは一切連絡をもらっていないのですが、今回の事故のことをどう考えているんでしょうか」というものでした。保護者は担任とやりとりをしている間、もっと何か言いたそうな顔をしていました。しかし、このような事故が二度とないように気をつけるという保

育者の言葉に,「わかりました。本当に,そうしてください」と答えて帰って行かれました。

後日,その保護者から手紙をいただきました。その内容は以下のようなものでした。

「今回の事故を受けて,今後園としてどう対応していくのかについて,どうして何も報告していただけなかったのでしょうか。先生から連絡をもらえたのは事故直後だけで,その後はこちらから働きかけるまで一切何も言ってこられませんでした。そもそも,園長と担任の先生の話には食い違いがあり,本当に先生方が事実を把握できているのか,疑問に感じています。私たちは先生方の誠実さが見られないことを,とても残念に思っています。ぜひ,今後の事故を防止する具体的な対処策を検討してほしいと思います。他の子どもたちがうちの子どもと同じような目にあわないために,お願いします」

対応が不十分だと保護者との間に溝ができることも

対応の仕方

1 子どものけがやその後のフォローについて,十分に話し合っておく

子どもがけがをしたときの状況の説明が保育者によって食い違っていると,保護者は「園は子どものけがの本当の原因を隠しているのではないか」と感じ

ることがあります。子どもがけがをしたときの状況や原因については，保育者同士で情報を共有し，説明に食い違いが生じることのないように気をつける必要があります。

　けがへの対応やその後のフォローについても，保育者によって異なる説明をすると，保護者が不信感を抱くことになります。けがの治療費等の負担やけがをしたあとのフォローについては，園で事前に話し合っておくようにします。とくに，子どもに傷跡や後遺症が残る場合は保護者のショックが大きく，長期にわたって気持ちが揺れ動くものなので，園として細やかな対応がとれるように，保護者へのかかわり方について話し合っておくべきです。

2 事故後の保護者の気持ちに寄り添う

　けがの程度にかかわらず，保護者は子どもがけがをしたことにショックを受けるものです。また，保護者は子どものけがが治るまで，子どものけがに目を向けては辛い気持ちになります。したがって，保育者が子どものけがにふれなくなると，自分と保育者の気持ちにギャップがあると感じてしまうのです。その気持ちが「その場しのぎの対応をされたのではないか」という不信感へとつながっていくこともあります。

保護者から「もう大丈夫」との言葉を聞くまでは言葉かけをすることが大切

保育者が，事故直後だけでなく，その後も子どもを気遣う言葉かけをすることが大切です。子どものけがの程度にかかわらず，「〇君のけがの具合はどうですか」という一言をかけるようにします。なお，女児の顔のけがは，傷跡が残らないかと心配する保護者が多いので，安易に「傷が治ってよかったですね」「もう大丈夫ですね」と話しかけることのないように留意すべきです。「もう大丈夫ですよ」という言葉を保護者が口にできたときが，園の責任を果たせたときなのです。

3 園や保育者の悪口，噂話を言いふらされた

　以前に，保護者から子どものために導入してほしい教育方法があるという要望を受けたのですが，園の方針とは異なるため，「それはできない」と担任が断ったことがあります。保護者は納得できない様子で，同じことを主任や園長にも訴えました。しかし，とても園で対応できる内容ではなかったので，主任も園長も「うちの園では対応できない」と断りました。

ときには保育者が悪口のターゲットになることも

この一連のことがあってから，保護者は担任と距離を置くようになってしまいました。担任があいさつをしてもあからさまに無視されるような状態が続いています。さらに最近，園長が，他の保護者数名から「うちのクラスの担任の先生が子どものことを考えてくれないと聞いたのですが，大丈夫でしょうか」と問い合わせを受けました。どうやら，その保護者が担任の悪口を他の保護者に話して回っているようなのです。

　悪口を言いふらしている保護者は，PTAでもリーダーシップをもっている人です。その保護者の言葉ということもあって，保護者の間に不安が広がっているようです。園としては何とか事態をおさめたいのですが，どうすればよいかわからずにいます。

対応の仕方

1 落ち着いて日常の業務をこなす

　「人の口に戸は立てられない」と言いますね。噂話は広まっていくことはありますが，根拠のない噂話は，そう長くは続きません。また，普段から保護者との信頼関係を築く努力をしている園では，このような噂話だけで，保護者との信頼関係が揺らいでしまうようなことはありません。

　保育者には，特定の保護者が広めようとしている悪口や噂話におびえずに，落ち着いて日常の保育に専念してほしいと思います。保育者が落ち着いて，子どもの保育に専念することで，保護者の間に広がった不安も次第に低まっていきます。

2 こんなときこそ，理事長や園長は保育者を守ろう

　悪口や噂話のターゲットが担任である場合，そのターゲットにされた保育者は少なからず居心地の悪い思いをします。「気にせずに子どもたちへのかかわ

りに専念しよう」と思っていても，つい自分の噂話や悪口が気になってしまうものです。このようなときこそ，理事長や園長，主任が担任を守ってほしいと思います。「何かあったら先生を守る」「先生の保育を私たちは信じている」と見守ることで，保育者は安心して保育に専念することができます。

理事長や園長が，噂話から保育者を守る

4

担任を替えてほしいと要求された

　先日，ある保護者から園長に，「担任を替えてほしい」という要望がありました。理由は，「今の先生は若くて経験が浅く，うちの子どもをきちんと見ることができない」というものでした。園長が両親と話をしたのですが，折り合いがつきません。園長は「担任の先生は若いですが，がんばって子どもを見ていますから」と保育者を擁護するのですが，そうすると両親は「若いから，多少のことは我慢しろというのですか」「園長先生は先生の味方をして，子どものことを考えてくれないんですか」と怒り出してしまうのです。

保護者から担任を替えてほしいと強くせまられた場合

対応の仕方

1 保護者の言い分をしっかり聞く

　まずは，保護者がどうして担任を替えてほしいと思うようになったのかということについて，保護者の話を十分に聞く必要があります。そうしないと，解決の糸口が見つかるはずがないからです。「担任が子どもをきちんと見ることができないと感じた理由がありましたら，ぜひ教えていただきたいです」というふうに呼びかけ，保護者の話をじっくりと聞きます。そのなかで，保育者の

保護者の不安や不満を聞き問題を把握する

どこに不満を感じているのか，その背景にある問題とはなんであったかを把握していきます。当然のことですが，園長や主任は，保護者の苦情の対象となった保育者からも十分に話を聞き，保護者と保育者双方の考えや思いを把握しておく必要があります。

2　保護者の不安や不満に1つひとつ答える

　保護者から出された不安や不満の1つひとつに答えていくようにします。たとえば，「～を心配されているのですね。その点については，これまでも主任がフォローするようにしていますが，今後しばらくは～のようにしようと思います」というように，具体的に改善策を提案していきます。保護者から出た問題点とそれへの対応を紙に書いて保護者に渡しておくと，保護者の不安や不満はより低まります。自分が出した思いに園がどのように答えてくれたかを，目で見て確認することができるからです。

3　担任をサポートする体制があることを説明する

　保護者には，担任が1人で保育を行っているわけではないこと，担任をサポートする体制があることを説明します。担任の保育経験等で，子どもの保育

園のサポート体制や保育者の良いところを保護者に伝える

に差が生まれることのないように，子どもが帰ったあとにミーティングを開いて1日の保育の報告会をしていること，園長や主任に報告する体制が整っていることなどを保護者に説明するのです。

　加えて，理事長や園長，主任が認める担任の良いところを保護者に伝えたり，担任の熱意，子どもへの思いを代弁したりすることも，大切なことです。

4 「とにかく担任を替えてほしい」という保護者への対応

　①から③までの内容を伝えたにもかかわらず，「とにかく担任を替えてほしい」と保護者が言ってくる場合があります。それはおそらく，その保護者と担任が合わないのです。人間関係においては，どうしてもそりが合わないということはあります。だからといって，保護者の要望を聞き入れることはできないので，保護者には「担任を替えることはできない」ということをきっぱりと伝えます。そのうえで，日常の連絡事項については担任とやりとりしてほしいが，担任に話しにくいことについては園長や主任がいつでも相談にのるということを伝えておきます。

5 子どもにけがを負わせたのは誰か教えろと問い詰められた

　先日，ある子どもが友だちとけんかをして頬に小さな引っかき傷をつくりました。担任は，子どもの傷がとても小さかったことから，園のなかで処置をして済ませました。ただし，子どもの顔に傷がついたことについては，保護者に報告しようと決めました。

子どもを迎えに来た母親に子どもの傷について報告すると,「誰とけんかしたんですか」と尋ねられました。担任が園で起きたことは園の責任だと話して謝っても,「また子どもがやられては困るから,相手の名前を教えて」「相手の親との関係もあるから,うやむやにしないで」「相手の親にも今回のことを報告して」と訴えてきます。担任は,園のことは園の責任だからと繰り返し,なんとかその場をおさめました。

しかし,後日にまた,その保護者から「うちの子どもに聞いて相手の名前がわかりました」「相手の親が謝りに来るのが常識ではないんですか。先生は相手の親に何も言ってないんですか」という抗議がありました。このままでは,保育者と保護者だけでなく,保護者同士の関係も悪化してしまうのではないかと,担任は心配しています。

子どもにけがを負わせた相手に怒りを感じる保護者

対応の仕方

1 強い要求があっても子どもの名前は教えない

子どもの名前は,強く要求されても教えてはいけません。ここを徹底しておかないと,保育者が名前を教えてしまった子どもの保護者からクレームが来るかもしれませんし,何か問題が起こった場合に簡単に相手の名前を明かしてし

まう信用できない園だと見られることになるかもしれません。

　園で起きたことは園の責任であるとして，今後の対応について検討していくことを保護者に約束します。また，検討して決めたこと，具体的には今後どのように対応していくのか，問題が起こらないようにいかなる改善策をとるのかについては，事後に必ず保護者に報告するようにします。

2 けがをした子どもの保護者の気持ちに寄り添う

　保護者との面談で，けがをさせた子どもの名前を教えろという要求への対応に終始してしまったということはありませんか。ここでは，保護者の気持ちがどうしたらおさまるかを考えるべきです。子どもの名前を教えれば怒りがおさまるというものではありません。

　保護者はわが子がけがをしたというショックと，子どもが痛い思いをしたという胸の締め付けられる気持ちを，怒りという形で出してきます。怒りをおさめてもらうには，保護者が感じているつらい気持ちに寄り添う必要があります。ただ，子どもにけがをさせてしまって申し訳ないと謝るのではなく，「今回のことでは，本当にショックを受けられたと思います」「お父さん，お母さんにつらい思いをさせてしまいました」「○ちゃんも，けがをしたときは痛くて怖かったろうと思います。そのことを思うと保育者も胸が締め付けられる思いです」と，保護者や子どもの気持ちに共感し，保育者も保護者と同じ気持ちでいることを伝えます。

先方の親も子どもさんも十分に反省されていますこれからは私たちも今まで以上に気をつけて

けがをした子どもの保護者の気持ちを理解し寄り添うことが大切

3 けがをさせた子どもの保護者にも報告する

　保育者は、けがをさせた子どもやその保護者に気を遣って、けがをさせた事実を報告しないことが多くあります。しかし、わが子にけがをさせた相手の名前を保護者が知った場合に、けがをさせた保護者に文句を言う、その保護者を非礼な人だととらえるということがあります。したがって、けがをさせた子どもの保護者にも一言、状況を報告しておく必要があります。

　けんかの場合、どちらか一方だけが悪いということは、あまりありません。けがをさせた子どもの保護者にも主張はあるはずです。その保護者に向けて、「お宅のお子さんがけがをさせた」などと報告したのでは、保護者は「先生はうちの子が悪いと言いたいのか」と感じてしまいます。「○君が友だちとけんかをしたのですが、その際に相手のお子さんが頬に小さな傷をつくりました」と説明し、「○君のほうにもけががないか確認しましたが、その時点では見あたりませんでした。その後、○君の様子はどうでしょうか」と子どもを気遣う声かけをします。また、けがをさせた保護者の言い分も十分に聞くようにします。けがをさせた側の保護者が、保育者の説明を受けて「謝りたい」と言ってきた場合には、保育者がそれを代弁して伝えるなど、保育者を間にはさんでやりとりができるようにします。

けがをさせた子どもの保護者に対しての気遣いも忘れずに

6

保護者が子どもに「先生に〜と言われても、そうしなくていいからね」と言い聞かせているため、子どもが担任の言うことを聞かない

　子どもが担任の言うことを聞いてくれません。たとえば、お昼の時間に子どもが食べ物を残しているのを見て、「がんばって一口食べてみよう」と声をかけても、「お母さんは嫌いな物を食べなくてもいいって言ってた」と言って食べようとしませんし、担任が「お外で虫さんを探しに行こう」と声をかけても、「お母さんが汚いから触ったらだめと言ってた」と言って、部屋を出ようとしません。

　どうやらお母さんは「先生が〜と言っても、お母さんの言ったようにするのよ」と子どもに言い聞かせているようです。そのため、担任が子どもを導こうとしても、「だってお母さんが〜と言っていたもん」と言うばかりで、担任の言うことに耳を貸さないことが多く、困っています。

保護者は子どもに良かれと思って言い聞かせている

対応の仕方

1　子どもが担任の指示を聞かないことについて

　保護者が家庭で，担任の言うことよりも自分の言うことを聞くように子どもに指示していたり，保育者のことを軽視した発言をしていたりすると，子どもは担任の指示に従わなくなります。これでは，保育者の意図的なかかわりが効果をあげていきません。そのことを，保護者に理解してもらう必要があります。下の②～④に示した対応をとる以外に，「予防接種講演」（2章の5）のなかで，子どもの育ちや保育者のかかわりについて伝えていくことが有効です。

2　保護者の考えを聞く

　保護者が子どもに言い聞かせていることには，必ず理由があります。担任を信用していないということもあるのかもしれません。しかし，それ以上に，子どもにとってよくないと考えているから，子どもに指示をしているのです。

　たとえば，「嫌いな物を食べなくてよい」と言っている背景には，「嫌いな物を無理して食べてつらい思いをするよりは，好きな物を食べる喜びを知ってもらいたい」という思いがあるのかもしれません。「虫は汚い」という背景には，「子どもが虫をさわるとかみつかれる恐れがある」という心配があるのかもしれません。

　担任には，保護者にどのような思いや考えがあるのかを理解しようとする気持ちが必要です。「今日，○ちゃんがご飯を残しているのを見て，一口がんばってみようと声をかけてみました。嫌いな物を食べることについて，お母さんの考えを聞かせていただき，対応を考えたいです」というように，声をかけていきます。また，保護者の話を聞いたあとには，いきなり反論をするのではなく，「なるほど。そういう考えもありますね」「お母さんはそのようにお考えだったのですね」と，相手の考えを受け止めるようにします。

3 保育の意図を理解してもらう

　保護者の話を聞いたあと，今度は担任がどのようなねらいや意図をもって，子どもに働きかけているかを保護者に伝えます。このとき，「お母さんの考えはわかりますが，私は〜と思います」というように，逆説的な話し方をするのは避けましょう。これでは，保護者の言っていることを否定しているように聞こえてしまうからです。

　たとえば，保護者の考えにうなずきながら，「お母さんのお考え，よくわかりました。お母さんの言うように，〜ことは大切なことだと思います。私は，お子さんががんばろうとする気持ちがあるときには，ぜひ応援してあげたいとも思っています。できる範囲でいろいろな活動に参加してもらえればと思うのですが，いかがでしょうか」というように伝えてみます。

4 保護者が心配していることが起こらないための対処策を提案する

　②③に加えて，「お母さんが心配するようなことが起こらないように，〜という配慮をしたい」ということを提案してみます。保護者の心配事が解消されれば，保護者は担任の保育を受け入れやすくなるからです。

保育者の心配を理解し配慮することが重要

たとえば、「虫を見るだけでも、活動に参加する意義があると思います。そのように働きかけてよいですか。もしも、○ちゃんが虫を触ったら、そのあとはすぐ手を洗わせるようにします」というように伝えていきます。

このような対応を繰り返すことは、保護者が担任を信頼していくきっかけにもなります。保護者が「この先生なら子どもを任せても大丈夫」と思えれば、子どもの保育活動への干渉は、徐々に減っていくはずです。

7 子どものことで助言をしても、自分がいかにたいへんな思いをしているかを語ったり言い訳したりするばかりで、行動を改めようとしない

園で他の子どもを叩いたりけったりし、それを止めた保育者にまで攻撃してくる子どもがいます。他にも友だちが作ったものをわざと壊したりするので、保育者は手を焼いています。子どもの父親は言葉遣いが荒いところがあり、子どもを怒鳴りつけたり、ときには叩いたりしているようです。子どもは、父親が側にいるときは緊張した様子でおとなしくしているのですが、母親だけのときは園にいるときと同じように、他の子どもにちょっかいを出しています。母親は、子どもが他の子どもにちょっかいを出しても「うちの子はパパに似てやんちゃなのよね」と笑って見ています。そのため、他の保護者は「あそこのお母さんに何を言っても無駄だから」とあきらめ顔です。

保育者は、園での子どもの様子を母親に報告するようにしていますが、母親は「そうなの。うちの子は気が強くて、うちでも手を焼いているのよ」と笑って受け流してしまいます。保育者が「○くんが手を出すようなときには、お母

さんからも注意をしてください」と助言をすると、「私の言うことなんて聞きませんよ。私が苦労して家事をこなしているのに、子どもも夫も好き勝手ばかりして……」とグチをこぼし始めてしまい、結局、一緒に子どもを見守ろうという雰囲気になりません。

グチや言い訳ばかりで保育者の助言を聞こうとしない保護者

対応の仕方

1 子どもに目を向け、かかわっていく

　保護者が保育者の言葉を受け入れて、一緒に子どものことを考えていこうとなるまでには、時間がかかります。保護者が変わらなければ子どもも変わらないと、親のせいにばかりしていても、事態は何も変わりません。まずは、子どもへのかかわり方について考えてみようという姿勢がたいせつです。

　子どもには、スモールステップでやってはいけないことを教えていく必要があります。たとえば、友だちを叩く行為にだけは「先生は許しません」という厳しい態度で注意します。他の子どもにちょっかいを出す程度のことまで、友だちを叩いたときと同じように注意していたのでは、子どもが守るべきことの優先順位を理解できないからです。このように、園生活のなかで、絶対にしてはいけない行為を子どもに伝えていきます。

2 保護者には共感的にかかわりながら，同志として子どもに向き合えるように促す

　保護者に，最初から子どものことを一緒に考えていこうとかかわってもうまくいかないものです。そこで，たとえば母親のグチに「たいへんですね」「おつらいですね」と共感的に答え，「お母さんはがんばっていると思います」とはげますことから始めます。母親が担任に心を許すようになると，子育てについてうまくいかないことを，以前よりも真剣に話してくれるようになります。この段階までくれば，子どものことを一緒に考えていくという雰囲気をつくりやすくなります。

　しかし，保護者の子どもへのかかわり方がすぐに変わると期待してはいけません。先にも述べたように，親が変わっていくのには時間が必要です。少しでも保護者の意識に変化が見られたら，そのことを1つの成果であるととらえてよいのです。それを保育者としての自信につなげて，根気よくかかわっていくようにします。

保護者のグチにつき合いはげましながら根気よくかかわる

8

母親同士が園庭や駐車場での立ち話に夢中になり，周りで遊ぶわが子を見ていない

　子どもを迎えに来た母親の何人かが，いつも園庭や駐車場で立ち話を始めてしまいます。その間，子どもたちは園庭や駐車場を走り回って遊びます。保育者は子どもの帰り支度や園バスへの乗車，保護者への対応などを行っているので，園庭等で遊ぶ子どもにまで目を配ることができません。そのため，いつか事故が起こるのではないかと，ヒヤヒヤしています。担任が保護者に「お子さんを見ている人がいなくて危ないので，長時間の立ち話はやめてもらえますか」とお願いしても，「親同士がコミュニケーションをとれる唯一の時間なんです」「子どものことはちゃんと見ています」「他に場所がなくて，仕方なくここで話しているんです」と反論されるばかりで，事態は改善しません。

帰り時間の園庭や駐車場は子どもにとって危険がいっぱい

対応の仕方

1 保護者の事情を聞こうとする姿勢を見せる

　保護者が園庭や駐車場でおしゃべりをする事情に理解を示す姿勢が必要です。もしかすると，近くにゆっくり話せる場所がない，一度家に帰ってしまうと同居している人の目があるので外出しにくいなどの理由があってのことかもしれません。そのような事情を考慮せずに保育者が一方的に「危ないからやめて」とお願いをしても，なかなか受け入れてもらえないものです。

　まずは，「いつもここでお話されていますね。お母さんたちがゆっくりお話できる場所は少ないのですか」という風に声をかけてみます。そして，保護者の言い分に「たいへんですね」「そういうご事情があるのですね」と相づちを打ちながら，十分に話を聞くようにします。ここから始めれば，保護者が保育者の話に耳を傾けてくれやすくなります。

2 子どものことを心配していることを伝える

　保護者の事情に理解を示したあとには，立ち話をやめていただくようにお願いをします。ただし，このときに園でトラブルや事故が起こっては困ることを理由にお願いをすると，「園や先生は保身にまわるばかりで，保護者のことを考えてくれない」という反感をかうことになりかねません。

　そこで，子どもの安全を守れないことを理由にお願いをしてみます。たとえば，「いろいろご事情はあると思うのですが，保育者が遊んでいる子どもたちに目を配ってあげられない時間帯なので，園庭等に残っている子どもさんたちを守ってあげることができません。園庭の遊具からの転落など，子どもさんに何かあってはたいへんです。申し訳ないのですが，他の場所を検討していただくことはできないでしょうか」とお願いしてみます。

3 間接的に伝える

　保護者に注意をしたいときは3章の6で述べたように，保護者全員に向けた園便りに，一般的な話やお願いとして載せるのが有効です。たとえば，「お帰りの際に，遊具で遊ばせる場合には，子どもから目を離さないようにしましょう」「幼児期の子どもの交通事故は，駐車場や家の周辺などで起こることが多いので気をつけましょう」といった形で伝えます。このようにすれば，保護者とトラブルになることなく，子どものために知っておいてほしいこと，改めてほしい行動について伝えることができます。

保護者への注意は園便りに載せると効果的

9

保護者参観のあとなどに，保育者のかかわり方や園内の環境などについて「もっと〜すべきだ」「あそこは〜したほうがよい」などと口を出してくる保護者がいる

　保護者参観や行事のたびに，活動の内容，保育者のかかわり方，園内の環境

などについて意見や考えを述べてくる保護者がいます。父親も母親も子どもの教育にとても熱心で，園の行事にもよく参加してくれます。ただ，そのたびに意見を出してくるので，保育者はこの両親を目の前にすると緊張してしまいます。とくに父親は自分の子どものことだけでなく，園の活動内容や保育者の子どもへのかかわり方にも，いろいろな意見を出してきます。保護者からの意見は大切にしたいと思いますが，園の方針にそぐわないこともあり，すべてに応じることはできません。

返事に困っていると，父親から「あのときの私の意見はどう反映されていますか」という問い合わせがきます。担任が「園の方針があるので」と断ろうとしても，「園の方針とどう違うのですか」「〜の必要性を先生は感じないのですか」などと反論されてしまいます。担任は自分が試されているような気持ちになります。

保護者が園の方針と異なる意見や要望をあれこれ出してきて困ることも

対応の仕方

1 保護者の意見や要望には，必ず返事をする

保護者の意見に応じられないからといって，返事をせず，話があったこと自体をうやむやにしてしまおうという態度ではいけません。応じられない意見や

要望にも，必ず早い段階で返事をすべきです。そうしないと保護者は，いつまで待っても返事をくれない保育者や園への不信感をもった状態で，保育者に自分が出した意見や要望がどうなったかという問い合わせをすることになります。不信感をもちながら問い合わせをするのですから，要望を断られた際にすんなりと納得することはできません。結果として，保育者の回答に食い下がったり，反論したりすることになります。

2 理由と根拠を述べたうえで，対応できないことは断る

　保護者の要望や意見に耳を傾け，改善策を検討する姿勢はたいせつです。しかし，園には園の方針があり，保育者にも自分なりの考え方があります。そこをいつも曲げて保護者の要望や意見に応じる必要はありません。

　園で検討した結果として，保護者の要望や意見に応じられないとなった場合には，保護者に「意見を出していただき，考えるきっかけとなりました」などと感謝の気持ちを伝えたうえで，理由や根拠を述べて，丁重に断ります。担任が答えられない反論が保護者から返ってきたときには，園長や主任の口から，再度説明をするようにします。

園で話し合った結果を理由と根拠とともに保護者に伝える

3 機会を見つけて，園の方針を伝える

　保護者に，園の方針を理解してもらうことはたいせつなことです。入園前にきちんと説明をしておくようにします。そうしないと，園の方針だからと説明しても「そんなことは知らなかった」と反論されてしまいます。また，入園後も機会をみつけて園便りなどを使って，園の方針を伝えるようにします。

10 何かあると，すぐに「退園する」「訴える」などと保育者をおどしてくる

　子どもが園で泣いた日やその翌日に，子どもの父親から「先生は何を見ていたんだ」「いつやめて（退園して）もいいんだぞ」というおどしの電話がかかってきます。この間，子どもが園庭で転んで顔に擦り傷をつくった際には，

おどしの言葉をかけてくる保護者もいる

父親が「園を訴えてやる」「治療代を払え」「土下座して謝れ」と園に怒鳴りこんできました。母親も父親と一緒になって「うちの子が受けた痛みをわかっているんですか」「傷が残ったらどうするんですか」と担任を責めました。園長と担任が職員室で話を聞いたのですが，両親ともに怒りがなかなかおさまらず，長時間に渡ってお叱りを受けてしまいました。

　子どもが園でけがを負わないように，泣かないようにするというのは無理です。そのことを両親にわかってもらいたいのですが，どうしたらよいかわからずにいます。

対応の仕方

1 保護者は子どもの守り方を勘違いしている

　この両親は，子どもが少しでも辛い思いをしたら前に出ることが親の役割であり，子どもを守れるのは自分たちしかいないと思っています。子どもにとっては，思い通りにいかないことがあって悔し泣きをしたり，友だちとけんかをしたり，小さなけがをしたりすることが学びになると考えることができていません。また，保育者が一緒に子どもを育てていく仲間であると考えることができていません。つまり，子どもの守り方を勘違いしてしまっているのです。

2 保護者の怒りを受ける覚悟をする

　親が怒るから，その子どもにけがをする可能性のある活動を一切させず，保育者が常に側についているという対応をとったとしましょう。その結果は，単に子どもが嫌な思いをするだけです。友だちと走り回って遊ぶことも，自分がどこまでできるか冒険してみることも許されないのですから，園生活がとてもつまらないものになります。子どもにしわ寄せが来るような対応は，絶対にとるべきではありません。

まずは，保護者の怒りを受ける覚悟をすることです。ただし，相手の話にうなずき，共感をし，至らないところは改善していくと伝えるなど，保護者の怒りができるだけ早くにおさまるように対応します。

3 保護者を育てる

　この両親が「子どもが育つために，友だちとのけんかや小さなけがは必要な経験である」と思えるように，園が保護者を育てていくことも必要です。ただし，子どものことで怒っている保護者に向かって，「子どもは小さなけがをしながらいろいろなことを学んでいくものです」などと諭すのは，火に油を注ぐようなものです。「責任逃れをしている」と，保護者はさらに怒り出してしまうでしょう。

　2章の5で述べたように，入園前に，保護者はどのような心構えをもっておく必要があるかということを伝えておく必要があります。また，学期が始まる前など，機会を見つけて，保護者全体へ向けて伝えていくようにします。伝える方法としては，専門家による「予防接種講演」が有効です。

機会を見つけ保護者としての心構えを繰り返し伝えていく

11 子どものけがについて両親に伝え，了解してもらっていたにもかかわらず，普段子どもの面倒をみている祖父母が苦情を出してくる

　友だちとけんかをした際に，友だちに腕を噛まれてしまった子どもがいました。傷は歯型がつく程度で，たいしたことはありませんでした。担任はその日迎えにきた母親に，そのことを報告し，子どもの腕に歯形がついていることを謝りました。子どもの母親は，「傷はたいしたことないようですし，良いですよ」と言ってくれました。

　ところが，翌日になって子どもの登園に付き添ってきた祖母が，担任に抗議してきました。文句の内容は「うちの孫は誰に噛みつかれたのか」「私だけ何も知らされていない」というものでした。担任は，報告が十分でなかったことを謝りましたが，祖母はなかなか怒りがおさまらない様子でした。

　その翌日，今度は子どもを迎えにきた母親が「お祖母ちゃんには園での出来事を言わないで」と言ってきました。母親によれば，祖母は子どもに何かあったと知るととても心配し，母親との間で子どものこと，保育者の対応をめぐって口論になってしまうとのことでした。

普段から，子どもの迎えは母親が，見送りは祖母が行うことが多いので，園であった出来事の報告は，まず母親にすることになります。保育者は，母親が先に知ることを祖母は快く思っていないのではないかと感じています。母親の要望どおり，祖母に報告しないようにしたとしても，子どもに傷などが残る場合には隠し通せるものでもありません。そうなると，また祖母が気を悪くすることが予想されます。

対応の仕方

1 母親と，祖母へのかかわり方について相談する

祖母に報告を全くしないというわけにはいきません。だからといって，担任の独断で母親，祖母の双方に対応していたのでは，母親の担任への不信感を募らせることになりかねません。そこで，子どものことについて祖母にどのように報告をしていくかについては，母親とよく相談をしておきます。そして，母親が了承した範囲内で，祖母に報告や連絡をしていくようにします。

2 祖母の気持ちに寄り添う

祖母にとってはかわいい孫のことです。孫のことについて口を出したくなるのも，当然のことと言えます。もしかすると，自分が日中に子どもの面倒をみているという思いや，仕事をしている母親への不満が少なからずあるのかもしれません。そうしたことが積み重なって，母親との間に子育てにおける意見の食い違いが起こっていると考えられます。

保育者には，祖母のそうした気持ちに寄り添い，祖母の気持ちを傾聴する姿勢が必要です。母親が了承した範囲内で祖母にも，子どものことを報告します。また，祖母の子どもやその親への思いを共感的に聞いて，祖母の苛立ちが少しでもやわらぐように促していきます。

祖母の話に耳を傾け気持ちがやわらぐよう促していく

12

配布したお知らせへの回答の期限を守らなかったり，時間を守らなかったりすることの多い保護者がいる
何度伝えても，守ってくれない

　配布したお知らせへの回答をお願いしても，期限を守ってくれない保護者がいます。期限が過ぎるたびに，保育者は保護者に声をかけるようにしていますが，それでも翌日に忘れてきてしまうことがよくあります。また，口頭で伝えておいたことを忘れてしまって，保護者が何度も確認してくることがあります。

　一方で，運動会などの時間はスケジュールを紙に書いて配っているためか，保護者は時間を忘れるようなことがありません。しかし，日常のなかで期限を守ってもらえないことがあるため，保育者は困っています。

> この間、持ってきてくださいとお伝えしましたよね？
>
> え…

保育者が伝える内容がうまく保護者に伝わらない

対応の仕方

1 約束が守れないことを責めない

　約束が守れないからといって，保育者が「お母さん，そんなことではだめですよ」「親として，もっとしっかりしないと」などと責めてはいけません。昔は，園長がそうした保護者を叱り，親としての自覚を促すようなこともありました。しかし，責められることで保育者を遠ざけてしまう親，責められても自分の力だけではなかなかうまくいかずに深く落ち込む親がいます。安易に保護者を責めることが，必ずしも良い結果をうむとは限りません。責めるよりも，どうしたら保護者が約束を守れるようになるかを，一緒に考えていく姿勢が必要です。

2 約束を守れない理由を考える

　保護者がなぜ約束を守れないのか，その理由を考えてみる必要があります。保護者が約束を守らない場合，口頭で伝えただけでは理解が十分にできていないこと，心の病気があることなどにより約束を守れる状態にないこと，約束を

5章　保護者対応で困ることFAQ

守る気がないことなどが考えられます。

　事例の場合，保育者は紙に書かれてある内容については，ある程度理解し，時間を守って行動ができているようです。したがって，口頭で伝えただけでは，十分に内容を理解できていない可能性があります。4章の10で述べたように，保護者に発達障害などがある場合には，そのようなことが起こります。

3 考えられる理由にもとづいて対策をとる

　保護者が，口頭で伝えた内容を十分に理解できていない場合には，紙に書いて伝える方法が有効です。回答を求めるようなお知らせには，必ず紙に提出してほしい日時を書いておくようにします。発達障害のある保護者は，長い文章や複雑な文法を苦手とすることがあります。そのため，保護者に渡す紙には，簡単な文法を使った短い文で必要事項を記すようにします。具体的には，一文のなかには1つの内容のみを取り上げる，否定文ではなく肯定文を使う，逆接やあいまいな表現を使わないなどの配慮が必要です。

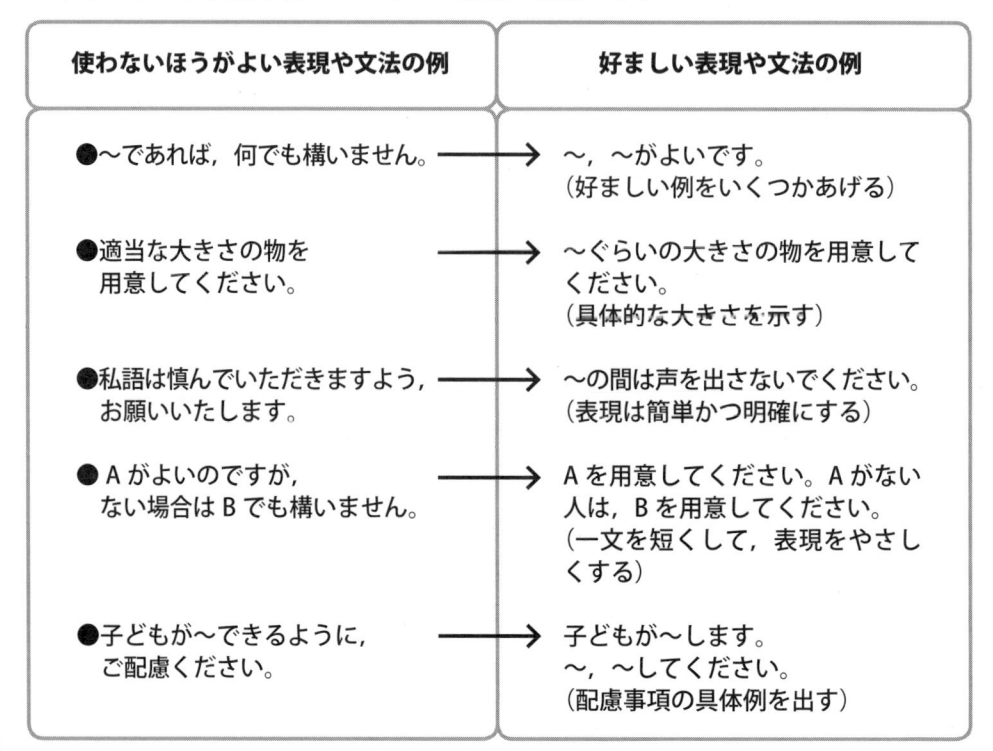

使わないほうがよい表現や文法の例	好ましい表現や文法の例
●〜であれば，何でも構いません。	→〜，〜がよいです。 （好ましい例をいくつかあげる）
●適当な大きさの物を用意してください。	→〜ぐらいの大きさの物を用意してください。 （具体的な大きさを示す）
●私語は慎んでいただきますよう，お願いいたします。	→〜の間は声を出さないでください。 （表現は簡単かつ明確にする）
●Aがよいのですが，ない場合はBでも構いません。	→Aを用意してください。Aがない人は，Bを用意してください。 （一文を短くして，表現をやさしくする）
●子どもが〜できるように，ご配慮ください。	→子どもが〜します。 〜，〜してください。 （配慮事項の具体例を出す）

13 担任が変わったあとも,前年度の担任を頼り,話をしようとする保護者がいる

　学年が変わると,担任も変わります。ところが,前年度の担任を頼り,いまだに相談ごとなどを前年度の担任にしようとする保護者がいます。前年度の担任との信頼関係が築けていることはよいことです。しかし,現在の担任も子どもやその保護者との信頼関係を築いていこうと努力しているところです。その担任を素通りして,その保護者は前年度の担任と話そうとするので,現在の担任は「自分の力不足」だと落ち込んでいます。

前年度の担任ばかりを頼る保護者

対応の仕方

1 担任は自信をもって,保護者との信頼関係の形成に努める

　保護者が前年度の担任を頼るからといって,現在の担任が落ち込む必要はありません。前年度の担任を頼る保護者の姿を見ることは気持ちの良いものではないでしょうが,それは前年度の担任との間に信頼関係が作られていることによるものであって,今の担任の力不足ということではないのです。人は不安を抱えていると,少しでも安心できる人とつながろうとします。その結果,これ

までに信頼関係を築いてきた保育者を頼るのです。

　担任が,「あの保護者は,私に相談をしてこない」といって,その保護者と距離をとってしまっては,信頼関係など築けるはずがありません。あせらずに自信をもって,保護者と信頼関係を築いていくように努めることが大切です。

2 前年度の担任も協力して,保護者が担任を信頼できるように促す

　前年度の担任が,「今の担任の先生に悪いから」といって,保護者の相談に応じないとか,保護者を避けるなどの行動をとったところで,保護者がすぐに今の担任を頼れるようになるわけではありません。むしろ,「先生が最近冷たい」「私の話を聞いてくれない」ということで,保護者が保育者や園との距離を感じることになりかねません。

　前年度の担任は,保護者の相談にのりながらも,今の担任が保護者や子どものことを考えて動いてくれる人であること,保護者の相談にも親身になって応じてくれる人であることを保護者に伝えていきます。保護者からの相談ごとにも,今の担任と話し合って進めると答えます。そのようにして,少しずつ今の担任にバトンタッチしていくのです。

　このように,保育者同士が協力し合うことで,担任と保護者との信頼関係づくりを進めていくべきです。

前年度の担任が新しい担任と保護者の間に入りながら信頼関係をつくっていく

6章

おわりに
どうしようもなくなったときに

さあ、新しい幼稚園に行きましょう

あなたもよくがんばったと思いますよ

もっと他にできることはなかったでしょうか……

ときとして，保育者の努力だけではどうにもならないことがあります。保育者がいくら共感的に，受容的に対応しても，保護者との溝が埋まらないという場合です。それでも，「誠意をもって向き合わなくては」「自分が努力しなければ」と一生懸命に保護者に向き合っている保育者を何人も見てきました。しかし，そうしたやりとりのなかで，保育者が精神的に追い込まれていくケースがあることも事実です。ここでは，保育者が大きな精神的な負担を背負わなくてもすむように，どのようなスタンスで保護者との関係をつくっていけばよいか，どうしようもないケースに関して最終的にどのような決断をすればよいのかについて述べます。

1 わかり合えないことがあると考えるのが大前提

　世のなかにはいろいろな人がいます。誠実に対応すればみんながわかってくれるということは，正直に言うとめったにないことです。もちろん，保育者が誠実に保護者と向き合おうとする努力を否定するわけではありませんし，その努力をするなと言っているわけではありません。しかし，保護者との関係を考えていくうえにおいて，どうにもならないことがあるということを頭の隅に置いておかなくてはなりません。

2 保育者のことを理解してもらおうと思わない

　保育者はよく，自分の気持ちを理解してほしいとがんばっているのに，保護者がわかってくれないというところで悩みます。「いくら自分ががんばっても保護者は理解してくれない」と嘆くのです。とくに若い保育者ほど，保護者とうまくいかないのは自分の力不足だから，もっと保護者にかかわっていって自分の思いを伝えな

くてはと考えます。しかし，これは逆効果になることも多いのです。保育者にとっても保護者にとっても，つらいやりとりをすることになります。

　自分のことや自分の保育をわかってもらうことがよいことであるという考え方は，まず一度，取り去ることです。人間関係の基本は，自分と合わない人とは距離を置くということです。これは，全く無視するということではありません。保育者として基本的なこと，たとえばあいさつや連絡はもちろんしなくてはなりません。しかし，それ以上は無理に近づこうとせず，適当な距離を保って接するということです。

　しかし，保育者が，保護者の言うことを理解しようとしたり，保護者の気持ちを知ろうとしたりすることはたいせつなことです。ここのところは保育者に努力をしてほしいところです。つまり，まず自分をわかってもらおうとするのではなく，保護者を理解するところに力を注ぐのです。

保護者に理解してもらうのではなく，保育者が保護者を理解することが大切

3 柔軟な頭で保育しよう

　保護者のなかには病気や障害のある人，外国から来ていて生活様式が違う人がいます。つまり，いろいろな価値観や多様化した文化のなかで，保育者は保育をしているのです。保育とはこうあるべき，保護者との付き合いはこうあるべきといった

これまでの考え方は通用しなくなっていると思ってください。保育者には，さらに柔軟な考え方をもってもらいたいのです。

　具体的には，「まぁ，こういうこともあるのかな」「こういう保護者もいるんだな」というように考えて保育を進めていきます。自分の思い通りの100％の保育ができなければだめだと考えるのではなく，1つでも2つでも子どもにとって得るものがあれば，子どもが楽しんで過ごすことができれば，1日の保育がうまくいったと考えるのです。そういう気持ちでいれば，保護者からいろいろ言われたとしても，保育者は冷静な気持ちで対応できるはずです。逆に，そこに不安をもっていると，保護者から言われたことにいちいち反応してしまったり，保護者の言葉が心に刺さってしまったりします。

4　どうにもならないときの決断

　大原則として，保育者は保護者との間のことについては早い段階で園長や主任に報告や相談をするようにします。園長は逐一報告を受け，詳細な事情を把握して，問題の解決に努力します。

　しかし，保育者の精神的な状態や安全のことを考えて，最終的に「退園していただく」という苦渋の決断をする場合があります。園の信頼が損なわれることや，悪い噂が立つことを恐れて退園してもらう決断をできないとなると，結局は誰かがとてもつらい思いをします。トラブルが多く，改善が見込めない状態にある場合は，退園してもらうことを，選択肢の1つに加えておくべきなのです。

　園にクレームを言ってくる保護者のなかにはまれに子どものことをほとんど考えなくて，自分たちの主張ばかりを繰り返す人がいます。そのような場合に，子どものことを考えているのは保育者です。保育者にとっては，クレームを言ってくる保護者の子どもが人質のような感じになります。つまり，「私たちがこの保護者の言い分を認めて従わなければ，子どもがますますかわいそうになる」と保育者が感じて追い込まれていくのです。

ただし，退園はあくまでも，最終的にとる手段です。最初からいつやめてもらってもよいというスタンスでいたのでは，保護者との信頼関係は築けるものではありません。

6章

おわりに〜どうしようもなくなったときに

西館有沙 Nishidate Arisa

富山大学人間発達科学部准教授。博士（学術）。社会福祉士。保育士。
専門は，福祉社会学，子ども支援学。
現在は，幼稚園や保育所を巡回して，保育者や保護者からの相談に応じている。

徳田克己 Tokuda Katsumi

筑波大学医学医療系教授。教育学博士。臨床心理士。
専門は子ども支援学，障害支援学，保育者支援学。
20歳代に先生として東京の私立幼稚園に5年間勤務する。
現在は，東北地方からタイ（バンコク）までの幼稚園，保育所，子ども園等を巡回して，保育者や保護者を対象にした講演会や研修会，相談活動を行っている。

ブックデザインと絵
....
谷口純平想像力工房

保育者が自信をもって実践するための
困った保護者への対応ガイドブック

2011年10月25日　初版第1刷発行
2012年 8月10日　　　　第2刷発行

著　者　　西館有沙・徳田克己
発行者　　石井昭男
発行所　　福村出版株式会社
　　　　　〒113-0034　東京都文京区湯島2-14-11
　　　　　電話　03-5812-9702　FAX　03-5812-9705
　　　　　http://www.fukumura.co.jp

印刷／製本　　シナノ印刷株式会社

©A. Nishidate, K. Tokuda　2011
Printed in Japan
ISBN978-4-571-11601-8 C1337
定価はカバーに表示してあります。

福村出版◆好評図書

水野智美・徳田克己 編著
保育者が自信をもって実践するための
気になる子どもの運動会・発表会の進め方
◎1,700円　　ISBN978-4-571-11600-1　C1337

園行事に気になる子どもを参加させる際のポイントを，成功例・失敗例をまじえてわかりやすく具体的に解説。

徳田克己・田熊 立・水野智美 編著
気になる子どもの保育ガイドブック
●はじめて発達障害のある子どもを担当する保育者のために
◎1,900円　　ISBN978-4-571-12110-4　C1037

気になる子どもの入園前〜就学援助に至る保育と保護者支援を園内外との連携も含め具体的にわかりやすく解説。

徳田克己 著
おすすめします！育児の教科書『クレヨンしんちゃん』
●生きる力を育むマンガの読ませ方
◎1,400円　　ISBN978-4-571-11026-9　C0037

子どもの育ちに良い影響を与えるマンガの効能と読ませ方を，心理学者が研究にもとづいてわかりやすく解説。

滝口俊子・渡邊明子・井上宏子・坂上頼子 編著
子 育 て 知 恵 袋
●子どもを健やかに育てるために
◎1,500円　　ISBN978-4-571-11031-3　C0037

乳幼児・児童の保護者や保育者の様々な悩みに，保育カウンセラーや幼稚園園長など保育の専門家がアドバイス。

小川英彦 編著
気になる子どもと親への保育支援
●発達障害児に寄り添い心をかよわせて
◎2,300円　　ISBN978-4-571-12116-6　C1037

保育者たちによる実践報告と親からのQ＆Aを多数掲載。発達障害児保育に悩む保育者と親のための１冊。

J.A.ジョンソン 著／尾木まり 監訳
保育者のストレス軽減とバーンアウト防止のためのガイドブック
●心を元気に 笑顔で保育
◎2,400円　　ISBN978-4-571-11029-0　C3037

米国のバーンアウト経験者が書いた，保育・子育て支援に従事しながら自分自身を快適に保つためのガイド。

家庭的保育研究会 編
家庭的保育の基本と実践〔改訂版〕
●家庭的保育基礎研修テキスト
◎2,400円　　ISBN978-4-571-11027-6　C3037

家庭的保育者に義務づけられる基礎研修内容を，厚労省のガイドラインに基づき網羅。事例満載の基本テキスト。

田丸敏高・河崎道夫・浜谷直人 編著
子どもの発達と学童保育
●子ども理解・遊び・気になる子
◎1,800円　　ISBN978-4-571-10158-8　C1037

子どもの発達の諸相を理解し，遊びの意味や実践，気になる子どもへの対応など学童保育の実際と課題を学ぶ。

鈴木昌世 著
イタリアの幼児教育思想
●アガッツィ思想にみる母性・道徳・平和
◎2,300円　　ISBN978-4-571-11030-6　C3037

イタリア幼児教育の主流アガッツィ思想から，子どもの道徳心，平和を愛する心を育む理想の保育者像を探求。

◎価格は本体価格です。